新能源汽车系列教材·微课版

汽车总线技术应用基础

编　著　赵振宁　刘媛媛　翟来涛
主　审　李春明

北京理工大学出版社
BEIJING INSTITUTE OF TECHNOLOGY PRESS

内容提要

本书共分为六章，主要内容包括汽车通信技术、LAN总线、CAN总线、Flexray总线、汽车以太网通信和MOST总线技术。

本书可作为高等院校新能源汽车技术、汽车检测与维修等汽车专业教材，也可供从事本专业工作的工程开发和售后维修技术人员作参考。

版权专有　侵权必究

图书在版编目（CIP）数据

汽车总线技术应用基础 / 赵振宁，刘媛媛，翟来涛编著.--北京：北京理工大学出版社，2021.8（2021.11重印）
ISBN 978-7-5763-0167-0

Ⅰ.①汽… Ⅱ.①赵… ②刘… ③翟… Ⅲ.①汽车－计算机控制系统－总线－高等学校－教材　Ⅳ.①U463.6

中国版本图书馆CIP数据核字（2021）第165630号

出版发行 / 北京理工大学出版社有限责任公司	
社　　址 / 北京市海淀区中关村南大街5号	
邮　　编 / 100081	
电　　话 /（010）68914775（总编室）	
（010）82562903（教材售后服务热线）	
（010）68944723（其他图书服务热线）	
网　　址 / http://www.bitpress.com.cn	
经　　销 / 全国各地新华书店	
印　　刷 / 河北鑫彩博图印刷有限公司	
开　　本 / 787毫米×1092毫米　1/16	
印　　张 / 13.5	责任编辑 / 高雪梅
字　　数 / 286千字	文案编辑 / 高雪梅
版　　次 / 2021年8月第1版　2021年11月第2次印刷	责任校对 / 周瑞红
定　　价 / 42.00元	责任印制 / 李志强

图书出现印装质量问题，请拨打售后服务热线，本社负责调换

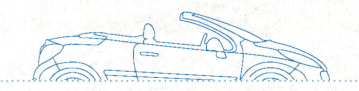 

前言

随着轿车电子化、自动化的提高，汽车电控系统传感器、ECU、执行器这三个组成全面升级，车用 ECU 的处理速度越来越快，存储器容量越来越大。汽车传感器或执行器更多采用 LIN、CAN 等微控制器（ECU）级传感器，这种升级需要汽车以网络形式共享数据。

整个汽车网络不是一种网络技术能解决的。使得这种升级逐渐发展成本地互连网络 LIN（10-125 kb/s）、控制器局域网络 CAN（125 kb/s ～ 1 Mb/s）、Flexray（1 ～ 10 Mb/s）、MOST（24.8 ～ 150 Mb/s）和以太网的高速率 100 Mb/s、1 GbE、2.5 GbE、10 GbE 等高速网络。

汽车是 LIN、CAN、Flexey、MOST、Ethernet 几种网络并存的网络，因此写清不同网络的结构和工作原理，解决汽车一线技术人员的需求迫在眉捷。

本书主要特点：写清原来各版本书藉没有写清的 LIN、CAN、Flexray 端口数据和脉冲的工作原理，端口图全部采用实际车用接口芯片绘制，将抽象的内容变得具体，使实践者能知道为什么是这样的结果。同时在诊断方法上做了进一步的升级。

本书主要由长春汽车工业高等专科学校教师赵振宁老师、山东交通职业学院刘媛媛老师和中国一汽研发院新能源汽车试制部翟来涛主任编写，由长春汽车工业高等专科学校校长李春明主审，在此对李校长表示感谢。

未经作者同意，严禁复制和摘抄任何本教材内容。本教材由百慕大汽车（www.bmdcar.com）提供作者的全套讲解视频和后台资源。

编 者

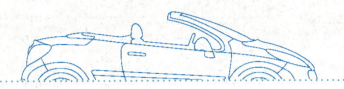

目 录
CONTENTS

第一章 汽车通信技术 ... 001
 第一节 汽车通信技术概述 ... 001
  一、汽车通信的必要性 ... 001
  二、数据传输的特点 ... 001
  三、串行异步通信技术 ... 003
  四、传感器集成级对通信的影响 ... 004
  五、汽车网络可用的传输介质 ... 005
  六、LIN、CAN 和 MOST 各自特点 ... 006
 第二节 汽车网络系统实训 ... 007
  一、LIN、CAN 和 MOST 的混合网络 ... 007
  二、LIN、CAN、Flexray、MOST 的混合网络 ... 008

第二章 LIN 总线 ... 010
 第一节 LIN 总线概述 ... 010
  一、LIN 总线简介 ... 010
  二、LIN 总线的主要特性 ... 010
  三、LIN 总线的通信规则 ... 011
  四、LIN 总线的应用场合 ... 011
 第二节 LIN 端口工作原理 ... 012
  一、LIN 端口简化原理 ... 012
  二、典型 LIN 接口芯片原理 ... 012
  三、典型 LIN 接口芯片外围电路原理 ... 016
 第三节 电动座椅 LIN 总线控制 ... 017
  一、电动座椅 LIN 总线控制功能 ... 017
  二、带 LIN 总线接口的微控制芯片 ... 017
  三、典型应用电路 ... 018

第四节　汽车车门 LIN 总线通信模块 ································ 019
　一、LIN 报文帧 ·· 019
　二、XC886 单片机 ··· 020
　三、TLE7259 芯片 ··· 021
第五节　LIN 总线的自动寻址原理 ·· 023
　一、LIN 总线的自动寻址 ·· 023
　二、LIN 总线自动寻址原理 ··· 023
　三、LIN 自动寻址原理 ··· 024
第六节　LIN 总线自诊断及故障 ··· 025
　一、LIN 总线自诊断功能 ·· 025
　二、LIN 总线故障 ·· 026
第七节　空调系统 LIN 总线短路故障检修 ··································· 026
　一、故障现象 ·· 026
　二、诊断过程 ·· 026
　三、工作原理 ·· 027
　四、原因分析 ·· 027
　五、诊断测试 ·· 028
　六、故障排除 ·· 028
第八节　大众汽车 LIN 总线实训指导书 ····································· 028
　一、实训目的 ·· 028
　二、实训工具 ·· 028
　三、技术资料 ·· 029
　四、实训内容 ·· 029
　五、实训记录 ·· 029
　六、实训时间 ·· 029
　七、实操评价 ·· 029

第三章　CAN 总线 ·· 031

第一节　CAN 总线概述 ··· 031
　一、CAN 总线产生与发展 ·· 031
　二、CAN 总线七层 ··· 032
第二节　低速 CAN 工作原理 ··· 033
　一、低速 CAN 收发器功能 ·· 033
　二、低速 CAN 芯片的外围连接功能 ······································ 037
　三、低速 CAN 端口工作原理 ··· 037
　四、低速 CAN 端口数据和脉冲电压 ······································ 039

第三节　高速 CAN 总线工作原理 ··· 040
一、端口收发器 ··· 040
二、端口工作原理 ·· 041
三、高速 CAN 网络结构 ·· 044

第四节　网关（Gateway） ··· 046
一、网段 ·· 046
二、网关作用 ·· 046
三、网关编码原因 ·· 048

第五节　CAN 总线电阻 ··· 049
一、总线终端电阻原则 ·· 049
二、终端电阻测量 ·· 050
三、CAN 总线颜色 ··· 051

第六节　CAN 总线诊断与检修 ··· 052
一、CAN 总线自诊断 ·· 052
二、总线睡眠和唤醒 ··· 054

第七节　CAN 总线数据流和示波诊断 ···································· 054
一、网关数据块 ··· 054
二、波形特征 ·· 056
三、DSO 设置 ··· 056
四、正常动力 CAN 总线信号 ··· 056
五、正常舒适、信息娱乐 CAN 信号 ···································· 057
六、传输距离 ·· 057
七、CAN 总线的维修 ·· 058

第八节　CAN 总线的帧格式 ··· 058
一、CAN 协议 ·· 058
二、帧的种类 ·· 058
三、数据帧的构成 ·· 059
四、数据帧的信息结构 ·· 060
五、优先权判定方法 ··· 064

第九节　标识符及通信例 ·· 064
一、标识符 ··· 064
二、通信例 ··· 065

第十节　汽车 CAN 总线实训指导书 ······································ 068
一、实训目的 ·· 068
二、实训工具 ·· 068
三、技术资料 ·· 068

四、实训内容 ··· 068
五、实训记录 ··· 068
六、实训时间 ··· 070
七、实操评价 ··· 070

第四章　Flexray 总线 ··· 071

第一节　Flexray 总线概述 ··· 071
一、Flexray 产生及发展 ··· 071
二、Flexray 基本原理 ·· 071
三、Flexray 特点 ··· 072
四、Flexray 与 CAN 的区别 ·· 072

第二节　Flexray 端口工作原理 ··· 074
一、Flexray 芯片端口 ·· 074
二、Flexray 总线电压 ·· 076
三、Flexray 工作原理 ·· 079
四、Flexray 总线唤醒 ·· 080

第三节　Flexray 总线电阻测量 ··· 080
一、网络总电阻原则 ·· 080
二、网络总电阻测量 ·· 081
三、总线电阻测量 ··· 082

第四节　Flexray 总线示波测量问题 ···································· 082
一、总线脉冲波 ·· 082
二、Flexray 总线示波诊断中的问题 ···································· 083

第五节　Flexray 总线故障诊断与检测 ································ 084
一、Flexray 总线的故障 ··· 084
二、Flexray 总线线束的维修 ·· 085

第六节　Flexray 节点架构和拓扑 ······································· 085
一、节点架构 ·· 085
二、拓扑结构 ·· 086

第七节　数据帧 ··· 087
一、数据帧的组成 ··· 087
二、编码与解码 ·· 088
三、媒体访问方式 ··· 089

第八节　时钟同步、唤醒与启动 ·· 090
一、时钟同步 ·· 090
二、唤醒与启动 ·· 091

第九节　大众汽车 Flexray 总线实训指导书 ······ 092
　一、实训目的 ······ 092
　二、实训工具 ······ 092
　三、技术资料 ······ 092
　四、实训内容 ······ 092
　五、实训记录 ······ 093
　六、实训时间 ······ 093
　七、实操评价 ······ 093

第五章　汽车以太通信 ······ 094

第一节　汽车以太网的产生与发展 ······ 094
　一、汽车以太网的产生 ······ 094
　二、在汽车上应用以太网的原因 ······ 095

第二节　汽车以太网的特殊性 ······ 097
　一、车载网络不能使用传统的以太网的原因 ······ 097
　二、以太网音视频桥接技术 ······ 098
　三、时间敏感网络 ······ 099

第三节　车载以太网技术 ······ 100
　一、车载以太网的概念 ······ 100
　二、车载以太网主要技术 ······ 100

第四节　车载以太网发展趋势和标准 ······ 102
　一、汽车以太网发展 ······ 102
　二、车载以太网发展趋势 ······ 103
　三、车载以太网标准化 ······ 103

第五节　RJ45 接口及芯片 ······ 104
　一、RJ45 接口 ······ 104
　二、RJ45 型网线插头 ······ 105
　三、直连和交叉互联网线 ······ 105
　四、RJ45 接口芯片 ······ 106

第六节　大众汽车以太网（Ethernet）总线实训指导书 ······ 108
　一、实训目的 ······ 108
　二、实训工具 ······ 108
　三、技术资料 ······ 108
　四、实训内容 ······ 108
　五、实训记录 ······ 108
　六、实训时间 ······ 109

　　七、实操评价 ……………………………………………………………………… 109

第六章　MOST 总线技术 …………………………………………………… 110
第一节　MOST 总线应用 ………………………………………………………… 110
　　一、MOST 的概念 ………………………………………………………………… 110
　　二、MOST 的应用 ………………………………………………………………… 110
第二节　MOST 总线控制单元部件 ……………………………………………… 112
　　一、收发单元 – 光导发射器 …………………………………………………… 113
　　二、MOST– 收发机 ……………………………………………………………… 113
　　三、标准微控制器 ……………………………………………………………… 113
　　四、光导纤维 …………………………………………………………………… 114
第三节　MOST 总线的功能流程 ………………………………………………… 117
　　一、系统启动（唤醒） ………………………………………………………… 117
　　二、音频与视频作为同步数据的传送 ………………………………………… 117
　　三、同步传送的数据管理 ……………………………………………………… 119
　　四、异步数据形式的传送 ……………………………………………………… 119
第四节　MOST 总线自诊断 ……………………………………………………… 120
　　一、诊断过程 …………………………………………………………………… 120
　　二、MOST 总线自诊断具体工作过程 ………………………………………… 122
　　三、光导纤维通路检验方法 …………………………………………………… 124
第五节　奥迪汽车 MOST 总线实训指导书 …………………………………… 124
　　一、实训目的 …………………………………………………………………… 124
　　二、实训工具 …………………………………………………………………… 124
　　三、技术资料 …………………………………………………………………… 124
　　四、实训内容 …………………………………………………………………… 124
　　五、实训记录 …………………………………………………………………… 124
　　六、实训时间 …………………………………………………………………… 125
　　七、实操评价 …………………………………………………………………… 125

附录　汽车 CAN 控制协议 ………………………………………………… 126
参考文献 …………………………………………………………………… 150
学习评价手册 ……………………………………………………………… 151

第一章
汽车通信技术

第一节 汽车通信技术概述

一、汽车通信的必要性

1. 从布线角度分析

传统的电气系统大多采用点对点的单一通信方式,这样必然会造成庞大的布线系统。在20世纪80年代据统计,一辆采用传统布线方法的高档汽车中,其导线长度可达2 000 m,电气结点达1 500个,根据统计,该数字大约每十年增长1倍,从而加剧了粗大的线束与汽车有限的可用空间之间的矛盾,因此,传统布线方法将不能适应汽车的发展,急需一个布线少的高速网络来代替传统布线。

2. 从信息共享角度分析

现代汽车的发动机、底盘、电气和电力驱动这四个系统为了实现综合控制,需要实现信息共享技术。

3. 从可靠性更强分析

原来控制单元的单线通信通道导致故障也多,也不易排查。采用汽车通信技术减少了线束数量,从而使可靠性增强,故障率降低。另外,通信的自诊断功能有利于快速发现故障点,使检修难度降低。

汽车中的结点和节点的区别:结点是指线间重新接合在一起的点,或几条金属导线系在一起;节点是在通信路上的控制单元,也称ECU。节点可以是电控单元的ECU,也可以是传感器级ECU或执行器级ECU。

二、数据传输的特点

现代汽车数据传输的特点是"数字化"和"多路复用"。

1. 数字化

例如，发动机控制单元有发动机水温信号、发动机转速信号和节气门开度信号。这三种信息要发送到自动变速器控制单元。在传送之前，这些数据已经预先被数字化成"0"或"1"，如图1-1所示。数据传输是以数字信号的形式支持信息的交流，如发动机水温信号可用8位的"0"或"1"表示。

模拟数字转换器是将模拟量变为二进制数字量的芯片，模拟量0 V用二进制为0000 0000表示，十进制仍为0；5 V用1111 1111表示，十进制为255（0到255共有256个数）。当水温为-20 ℃，输入电压为2.5 V时，二进制为1000 0000，十进制则为128；反之，当发动机ECU内的微控制器（MCU）收到二进制1000 0000数字时，就知道实际水温是-20 ℃。

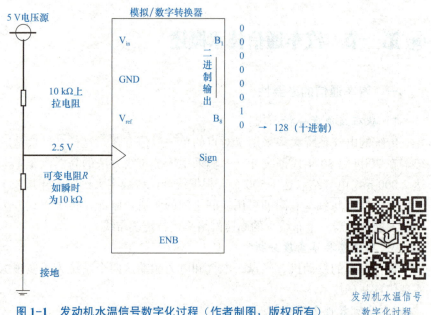

图1-1　发动机水温信号数字化过程（作者制图，版权所有）

发动机水温信号数字化过程

2. 多路复用

多路复用是指在传输介质的能力很强（如光纤），或介质传输能力不太强（如单金属线或双金属线），由于在汽车上每个控制单元要传递的信号种类也不是特别多，每个控制单元也不是特别快速需要这些信号，这时一条线仅传递一个信号时这个通道显得太空闲。为了能有效地利用这个通道，人们希望一个通道能够给车上的多个控制单元（节点）传输信号，以实现全车控制单元的数据共享。

如图1-2所示，发动机向总线通道发送信息时，先将发动机水温信号、发动机转速信号和发动机节气门开度信号打包为数据，数据前后还有总线协议要求的一些二进制数据作为控制数据或地址数据等，最终打包成一帧数据（只含0或1两种数据）。

因为发动机控制单元要发送的只有0或1两种数据，信息共享的传播方式是通道实现高和低两种电压脉冲变换。高、低两种电压脉冲被发动机控制单元、变速器控制单元、制动控制单元检测。发动机控制单元检测目的是检查刚刚自己发送的数据是否正确；变速器控制单元和制动控制单元检测电压脉冲的目的是实现数据共享。

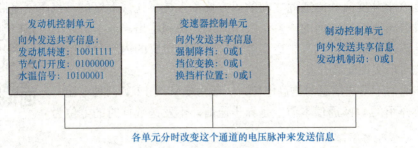

图 1-2　多路复用技术（作者制图，版权所有）

三、串行异步通信技术

在汽车上使用时，根据通信导线的数目可分为单线和双线两种。单线用于串行异步通信和 LIN 通信（也是串行通信）；双线用于 CAN 和 Flexray 两种通信。

单线串行通信是针对不需要瞬间处理或允许稍缓处理的信息交换的情况而设计的，其可分为同步通信和异步通信两种。

1. 串行同步通信

当因为无法增加线路导致数据传输堵塞，或因成本（如使用了电话线路）等原因无法增加数据线路时，采用串行通信方式来传输数据。若组成二进制信息的每行字位一个接一个地传输，按发送器与接收器之间的同步时钟的速度进行称为同步通信。同步通信在汽车上几乎不使用。这种通信方法在汽车获取信息时比串行通信需要花费更多的时间，但它的优点是减少了所需电线的数量，如图 1-3 所示。

串行同步通信示意

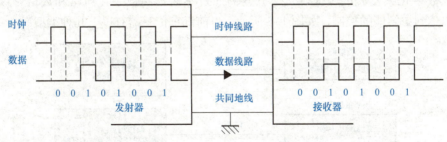

图 1-3　串行同步通信示意

2. 串行异步通信

串行异步通信模式省去了连接发送器与接收器的同步时钟线路。在这种情况下，每个组件都有一个内部时钟，周期是相同的。发送器先向接收器发送具有开始字位的一段脉冲，接收器在第一个拉低脉冲持续一个内部时钟的时间后开始认为是信号传递，这个过程也称为初始同步信号。信息初始有一个开始 0 字位，这个开始字位不是数据，它的作用是使接收器的时钟与发射器的时钟同步。信息以一个与开始字位相反的停止字位 1 结束，时钟将会在开始发送每个信息时进行重新同步调节。

如图 1-4 所示的一帧数据为 10 位的数据传送。事实上一帧数据为多少位是不固定的，其是汽车开发商和制造商之间的双方技术人员事先磋商好的，汽车制造商会委托汽车研发公司制定这方面的内容，汽车研发公司制定出的通信协议的内容交给汽车制造商，汽车制造商会将这个通信协议的内容分发给其他研发公司来实现配套开发。

异步通信不发送信息时是高电位，一般为 5 V 或 12 V 两种电压。后文将要介绍的 LIN 通信本质上是异步通信，不发送数据时的电位为 12 V。

串行异步通信示意

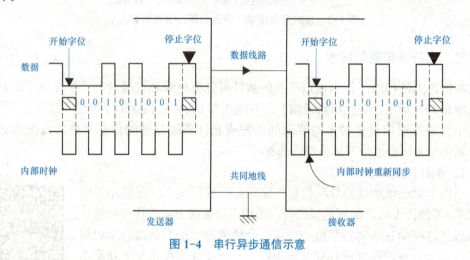

图 1-4　串行异步通信示意

四、传感器集成级对通信的影响

在数字化大发展的今天，汽车开发商通过不断提高数字化质量和数目升级其产品，以达到更智能的控制，如图 1-5 所示。目前汽车传感器有以下几种类型：

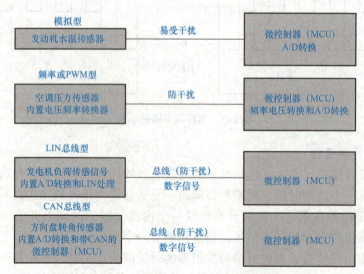

图 1-5　汽车传感器集成级对通信的影响

（1）模拟型传感器。如发动机水温传感器、爆振传感器、磁感应传感器、加速踏板或电子节气门等的输出采用模拟信号的形式，也称为一级传感器。

（2）脉冲宽度调制信号（PWM）或频率型的传感器。如空调压力传感器输出的PWM信号和发电机负载率DFM端子等，以及输出频率信号的某些热线式或热膜式空气流量计，也称为二级传感器。

（3）LIN总线型传感器。如带有LIN总线的空调压力传感器、发电机的电压调节器LIN等，也称为三级传感器。

（4）CAN总线型传感器。如某些汽车的方向盘转角传感器和ABS系统的横摆率传感器等，也称为四级传感器。

其中，三级和四级传感器是内置微控制器（MCU），也称为单片机。这种传感器通常称为ECU级传感器。对应传感器，现代很多执行器也采用ECU控制，这种LIN或CAN执行器称为带有ECU的执行器。

五、汽车网络可用的传输介质

1. 双绞线

双绞线由两根带绝缘皮的普通铜导线扭绞而成。目前，双绞线不归零码串行通信在汽车上有CAN和Flexray两种协议。CAN和Flexray在硬件原理是基本相同的。

CAN单通道通信为单条双绞线，如图1-6所示。两条数据线相互缠绕，防止了外界噪声和干扰源的干扰产生错误信号，同时，也阻止了本身向外辐射，对外产生干扰。

对于Flexray而言，一般单通道通信为单条双绞线就够用了，若采用双通道通信要用两套双绞线。

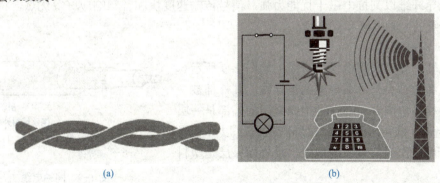

图1-6 两条数据线相互缠绕的作用
（a）两条数据线相互缠绕；（b）噪声和干扰源

许多汽车制造商在使用双绞线时通常要用颜色来区分不同区域网络的CAN线。

2. 光导纤维

光导纤维是有线传输介质中性能最好的一类，如图1-7所示。其一般由实心玻璃纤维和塑料构成。在折射率较高的纤芯外面，用折射率较低的包层包住，从而构成了一条光波通道，再在包层外面加上一层保护套，就构成了一根单芯光缆。

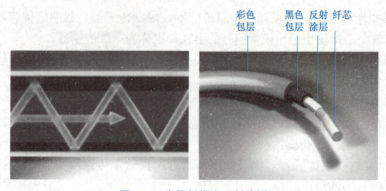

图1-7 光导纤维全反射传播

光导纤维传输数字信号是利用光脉冲的有无来代表"1"和"0"的。典型的光导纤维传输系统如图1-8所示。在发送端，通过发光二极管（LED）将电信号转换成光信号在光导纤维中进行传输；在接收端，通过光电二极管（PIN）将光导纤维传来的光脉冲转换成电信号输出。

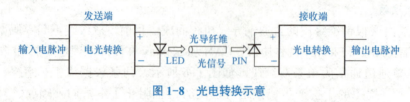

图1-8 光电转换示意

注：光导纤维主要应用信息——娱乐系统，如音频和视频类等数据量大的信息传输系统。

光导纤维以其抗电磁干扰能力强，信号传输速度快和音频响应好等优点，将逐渐取代传统的同轴电缆和双绞线。

3. 同轴电缆

同轴电缆（家用电视信号线）如图1-9所示。同轴电缆的中央是一条单根的铜导线，其外部被一层绝缘材料包围着，在这种绝缘介质的外部是一层网状金属屏蔽层。网状金属屏蔽层既可以屏蔽噪声，也可以作为信号线的地线，最外面一层是塑料外护套。

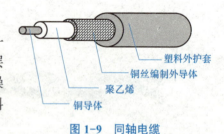

图1-9 同轴电缆

同轴电缆主要用于音频、视频信号的传输，如倒车影像。

六、LIN、CAN和MOST各自特点

表1-1对通信速率和汽车应用方面作了详细比较，"●"表示采用的通信方式，其

中，发动机控制、ABS、变速器控制、停车控制、悬架控制等在未来将采用更快传输速率的通信方式 Flexray。

表 1-1 汽车网络标准

等级	通信速率	汽车应用	LIN	CAN	Flexray	MOST
A	10～125 kb/s	传感器向控制单元发送数据；控制单元向执行器发送数据	●			
B	125 kb/s～1 Mb/s	控制单元和控制单元间传递数据；重要传感器和控制单元间传递数据		●		
C	1～10 Mb/s	在配有辅助驾驶汽车上，主要在转向控制、制动控制，以及四轮驱动和悬架控制上		●	●	
D	10 Mb/s 以上	在配有光纤通信的高档轿车上，用于汽车导航、电视调谐器、收音机、DVD、音响功率放大器之间的通信等				●

第二节 汽车网络系统实训

一、LIN、CAN 和 MOST 的混合网络

如图 1-10、图 1-11 所示为 C6 奥迪汽车的 LIN、CAN、MOST 混合网络。

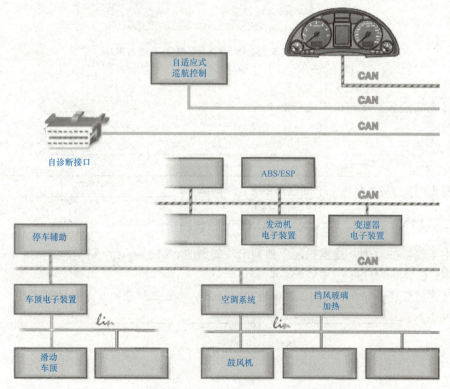

图 1-10 C6 奥迪汽车的 LIN、CAN、MOST 混合网络（一）

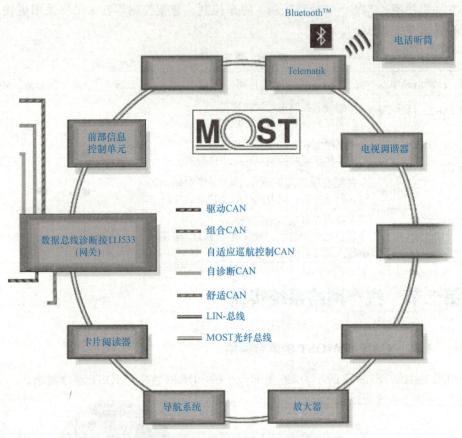

图 1-11　C6 奥迪汽车的 LIN、CAN、MOST 混合网络（二）

【完成任务】请列出不同总线上所挂的不同系统。

LIN：_____；

CAN：_____；

MOST：_____。

写出网关 J533 有几个不同区域的 CAN 网络：_____。

二、LIN、CAN、Flexray、MOST 的混合网络

由于篇幅的原因，这里只能单独列出，如奥迪 C7 的 Flexray 网络部分（图 1-12），其 LIN、CAN、MOST 做了省略。

【完成任务】请写出 2012 款奥迪 C7 Flexray 总线上所挂的 9 个系统的名称。

Flexray：_____。

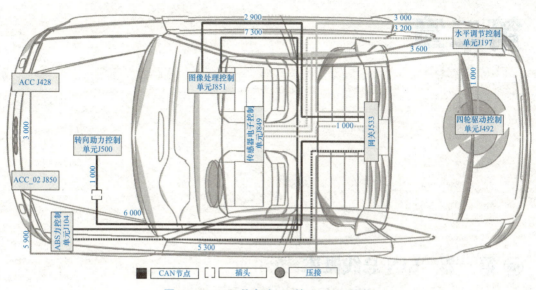

图 1-12 2012 款奥迪 C7 的 Flexray 网络

第二章
LIN 总线

第一节 LIN 总线概述

一、LIN 总线简介

本地互联网络（Local Interconnect Network，LIN）是一种低成本的串行通信网络，适用于汽车中的分布式电子系统控制。LIN 的目标是为现有汽车网络（如 CAN 总线）提供辅助功能。因此，LIN 总线是一种辅助的串行通信总线网络。

这种低成本的串行通信模式和相应的开发环境已经由 LIN 协会制定成标准。LIN 的标准化将使汽车制造商及供应商降低成本。在不需要 CAN 总线的带宽和多功能的场合，使用 LIN 总线可以大大节省成本。

在 LIN 技术规范中，除定义了基本协议和物理层外，还定义了开发工具和应用软件接口。LIN 通信是基于串行异步通信 SCI（UART）数据格式，采用单主控制器/多从设备的模式。LIN 主机 ECU 和 LIN 从机 ECU 之间仅使用一根 12 V 信号总线通信。主机和从机内部各有一个频率相同的时钟，主机和从机因无固定时间开始基准，因此，需要异步通信的同步时钟信号。

二、LIN 总线的主要特性

1. 传输速率

传输速率最高可达 20 kb/s。

2. 仲裁机制

采用单主机多从机模式，无须总线仲裁机制。

3. 节点增加方便

需要改变 LIN 时，从节点的硬件和软件就可以在网络上增加节点。通常，一个 LIN 网络上节点数目最多为 16 个，过多时阻抗变差，为了更好地工作，实际上少于 12 个，或更小于这个数字。

4. 低成本

基于通用串行通信接口，几乎所有微控制器都具备 LIN 必需的硬件。从节点不需要晶振高频振荡器就能实现自同步，节省了从设备的硬件成本。

三、LIN 总线的通信规则

一个 LIN 网络由一个带 LIN 的 ECU（也称为主节点）、一个或多个带 LIN 的传感器级 ECU 或执行器级 ECU 组成。这些带 LIN 的传感器级 ECU 或执行器级 ECU 内部有微控制器（单片机）也称为从节点。从节点 ECU 通信任务可分为发送任务和接收任务，主节点则有一个主发送任务。

一个 LIN 网络上的通信总是由主节点的主发送任务所发起的，主控制器发送一个起始报文。该起始报文由同步断点、同步字节、消息标识符所组成。相应地在接收并且滤除消息标识符后，一个从任务被激活，并且开始本消息的应答传输。该应答由 2（或 4 和 8）个数据字节和一个校验码所组成。起始报文和应答部分构成一个完整的报文帧。

由于 LIN 报文帧由报文标识符指示其组成，因此，这种通信规则可以采用多种方式进行数据交换：

（1）由主节点到一个或多个从节点。
（2）由一个从节点到主节点或其他的从节点。
（3）通信信号可以在从节点之间传播，而不经过主节点或通过主节点广播消息到网络中所有的从节点。需要明确的是，报文帧的时序由主机控制。

四、LIN 总线的应用场合

以下是汽车电子控制系统在电气中成功使用 LIN 的实例：
（1）车门中控锁控制；
（2）车门观后镜控制；
（3）空调控制；
（4）LIN 发电机控制；
（5）汽车天窗控制；
（6）雨刮及洗涤控制；
（7）空调控制。

LIN 总线是 LIN 传感器、LIN 执行器和带 LIN 的 ECU 通信的通道。

LIN 传感器和 LIN 执行器内部也像 ECU 内部一样采用单片机控制，LIN 控制收发器芯片集成在 LIN 传感器、LIN 执行器、ECU 内部，LIN 总线本质是单片机的 12 V 的串行异步通信。

LIN 传感器上的微控制器功能相对简单，将传感器信号变为数字信号后，经 LIN 控制器发送给 ECU，也就是主控制器。LIN 执行器由主控制器 ECU 控制实现执行器动作。

第二节　LIN 端口工作原理

一、LIN 端口简化原理

LIN 总线的接口电路如图 2-1 所示。蓄电池电压为 12 V，LIN 总线主机端电阻典型值为 1 kΩ，从机端电阻为 30 kΩ。

LIN 总线工作原理是由于电路结构对称，这里仅以主机向从机发送信息。

（1）TXD 为高电位时，三极管导通，总线电压为低电压，高电压经在从机侧的反向器变为高电位，RXD 接收为高电位。

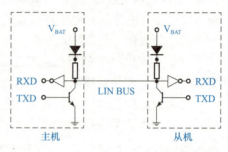

图 2-1　LIN 总线的接口电路简化图

（2）TXD 为低电位时，三极管截止，总线电压为高电压，高电压经在从机侧的反向器变为低电位，RXD 接收为低电位。

（3）当主机和从机之间无信息传递时，主机和从机内的三极管不导通，因此，总线体现 12 V 电位的空闲状态。当关闭点火开关后，LIN 总线仍会传递信息，但几秒后，总线会出现 12 V 的空闲电位。

LIN 总线的接口电路简化图

二、典型 LIN 接口芯片原理

如图 2-2 所示为英飞凌公司 LIN 驱动模块芯片型号 TLE7259 的接内部电路。其具有总线接地短路保护功能，适用于传输速率为 2.4～20 kb/s 的车载系统通信网络。同时，该器件还具有极强的防静电放电（ESD）特性和优越的抗电磁干扰（EMI）能力。基于固定斜率的斜率控制机制，其还可以实现在宽频带范围内具有优越的 EMC 性能。其外围端口 V_S 外接蓄电池 12 V 电压，内部供电电源电压有两种，一种是直接的 V_S 外接蓄电池 12 V 电压；另一种是经 Supply 稳压块稳压出来的 5 V。V_S 外接蓄电池 12 V 电压给 V1、V2 两个 MOS 管及唤醒电路供电。其他电路采用 5 V 供电。

LIN 芯片 TLE7259 的端口定义如下：

（1）RXD 接收外部数据：由于内置下拉电路，因此，外部要加上拉电路，电压低为显性电位，在总线 BUS 或 WK 引脚有唤醒信号时，被激活为低电压。

（2）EN 使能输出：集成为下拉电路，当为高电平时，设置为正常模式。

（3）WK 唤醒输入：内置上拉电路，低电压激活唤醒，负边沿触发。

（4）TXD 发送数据：内置下拉电路，低压电压显性状态，在总线 BUS 或 WK 引脚有唤醒信号时，被激活为低电压。

（5）GND 接地：对外接地。

（6）BUS 总线输入、输出：低电压为显性电位，内置上拉电流源。

（7）V_S 电源：外接 12 V 蓄电池电压。

（8）INH 禁止输出：正常或等待模式输出高电位，当作为主节点时，控制外部终端电阻。

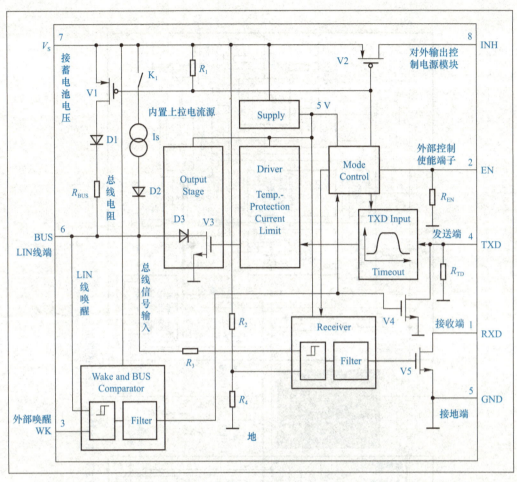

图 2-2　LIN 驱动模块芯片型号 TLE7259 的接内部电路

在正常模式下，ECU1 单片机微控制器（XC22××）可在 TXD 管脚输入所需发送的数据流，LIN 总线的输出管脚（BUS）可通过一个内部终端电阻拉成高电平，并通过 TLE7259 芯片转换成 LIN 总线 2 V 电压或 0 电压脉冲。

在 ECUX 从节点，TLE7259 芯片可以在 LIN 总线的输入管脚检测 12 V 电压或 0 电压脉冲，并通过管脚 RXD，发送到 ECUX 单片机。

如图 2-3 所示，来自 TXD 左侧的微控制器（未画出）5 V（高电平信号 1），高电平信号按粗红线驱动 V3 管导通，V_S 的 12 V 电压经常开的 V1 管、D1 二极管、R_{BUS} 总线电阻、D3 二极管、V3 开关管接地，LIN 总线被拉为 0 V。0 V 电压经右侧电阻 R_3，不能驱动开关管 V5 导通，V5 管截止，右侧（未画出）微控制器的相同 RXD 引脚恢复 5 V，高电平。

如图 2-4 所示，来自 TXD 左侧的微控制器（未画出）0 V（低电平 0），低电平信号按粗红线驱动 V3 管截止，V_S 的 12 V 电压经常开的 V1 管、D1 二极管、R_{BUS}、LIN 总线、右侧电阻 R_3、驱动开关管 V5 管导通，右侧（未画出）微控制器的相同 RXD 引脚拉低成 0 V，低电平。

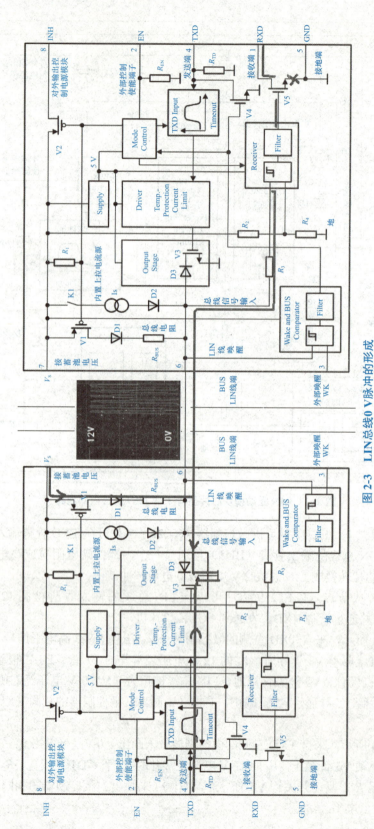

图 2-3 LIN 总线 0 V 脉冲的形成

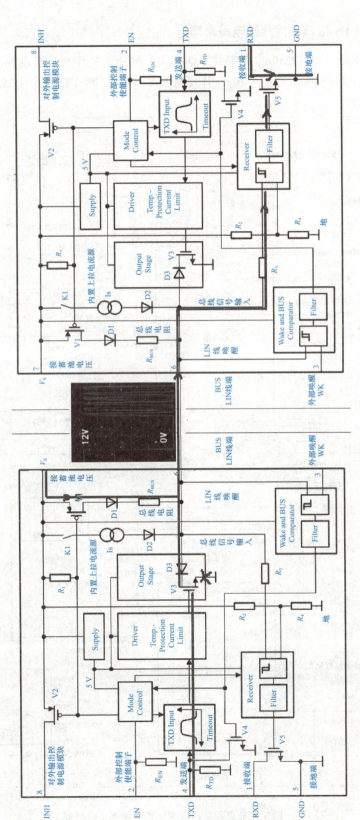

图 2-4 LIN 总线 12 V 脉冲的形成

三、典型 LIN 接口芯片外围电路原理

如图 2-5 所示，TLE7259 芯片在主节点 ECU1 和 ECUX 作为从节点控制器的设计中，必须在 TLE7259 芯片的 LIN BUS 引脚与 INH 引脚之间连接一个 1 kΩ 的电阻 R_1 和一个二极管 D2。

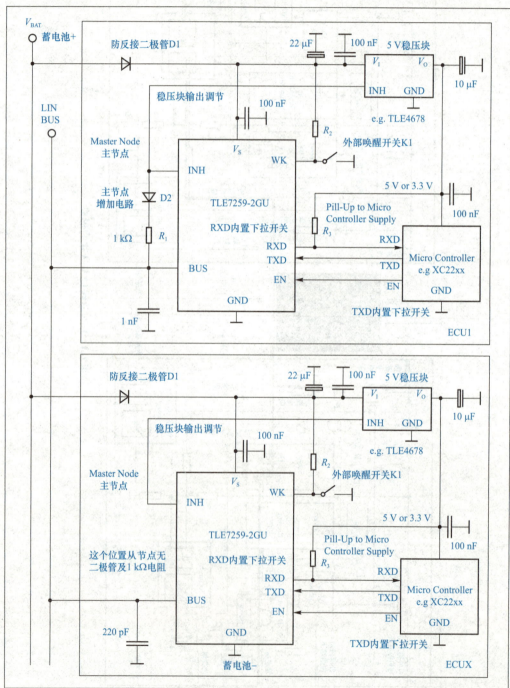

图 2-5 LIN 主节点和从结点的配置及外围电路原理

芯片具有等待模式、正常模式和睡眠模式三个工作模式。上电后，芯片立即进入等待模式，然后各自 ECU 内部的微控制器（XC22××）给 EN 引脚置 1（5 V），使之进入正常模式。在正常模式下，将 EN 引脚置 0 可使芯片进入睡眠模式，此时的静态电流不超过 8 mA，用户也可以通过 LIN 总线或本地引脚（WK）进行唤醒，使之重新进入等待模式。

第三节　电动座椅 LIN 总线控制

一、电动座椅 LIN 总线控制功能

汽车电动座椅调节就是可以通过电机的控制来调节座椅的前后位置、上下高度、靠背角度，更豪华的车型甚至可以调节腿部支撑、腰部支撑等。电动座椅调节可以使人员处于一个相对舒适的驾驶位置。由于采用电机调整，底部也是在螺杆上进行移动，因此，要比手动调节简便、省力，而且也可以实现无级调整。

电动座椅控制器主要由手动调节开关、电机驱动、ECU、LIN 通信等部分组成。因此，Melexis 针对这类应用专门推出了一款带 LIN 总线通信的、多达 8 个 IO 口、可用于开关输入的 DC 电机驱动芯片 MLX81150。采用此款芯片后只需一个芯片就可以完成电机控制与 LIN 总线通信功能，大大简化硬件电路的设计，提高系统稳定性。

二、带 LIN 总线接口的微控制芯片

如图 2-6 所示为 MLX81150 芯片内部的原理框图。其主要集成了 16 位的 MCU、32K Flash、2K RAM 及电压调节器，同时，还集成了可支持 LIN、PWM 及 SPI 等的通信接口。内部集成的 LIN 收发器支持 LIN 2.x 与 SAE J2602 协议。其主要性能参数如下：

（1）集成一个高性能 16 位嵌入式闪存微控制器，具有 32 K 字节的闪存容量，可满足一些特定的电机控制应用要求，内置的 4 位中央处理器则能够完全处理 LIN 协议；

（2）在小巧的封装内集成了很多对于电机控制非常关键的外部元件，减少芯片外围电路，减小 PCB 设计，降低了物料清单成本及系统消耗的功率；

（3）带有一个 LIN 通信接口，通过 LIN 接收指令，控制电机的启动或停止，使得可以远程通信控制车窗 / 天窗的升（关）降（开）；

（4）带有两个继电驱动器和四个功率 FET 栅极驱动器，可以选择驱动继电器或全桥控制电机，通过 PWM 实现电机调速；

（5）带有一个用于连接霍尔传感器的接口，通过霍尔传感器确定车窗 / 天窗的位置；

（6）带有电流检测接口，通过检测电机运行电流的大小来实现防夹功能；

（7）内部 EEPROM 用来存储车窗和天窗的位置参数；

（8）休眠时的工作电流仅为 30 μA；

（9）正常工作电压范围为 5.5 ~ 18 V，芯片工作电压低至 3.9 V；

（10）28 V 的启动条件，45 V 的过压保护；

（11）温度范围为 -40 ℃ ~ 150 ℃。

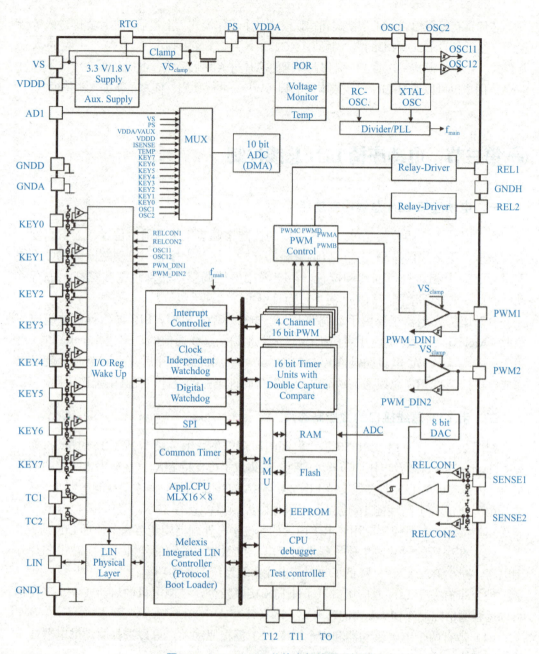

图 2-6　MLX81150 芯片内部的原理框图

三、典型应用电路

MLX81150 芯片有四个功率 FET 栅极驱动器，可用来驱动全桥控制直流电机，操纵电机的正反转实现座椅的前后及靠背上下移动，如图 2-7 所示。该芯片还带有电流检测功能，芯片的 SENSE1 和 SENSE2 之间的采样电阻可以实现硬件过流保护。

TC1、TC2 两个端口的霍尔电流传感器可以实现电机转子的转速和位置测量。

KEY0～KEY7 可实现驾驶员的开关操作输入，因此，可作为主控，也可作为从控。LIN 线可作为输出，也可作为输入。

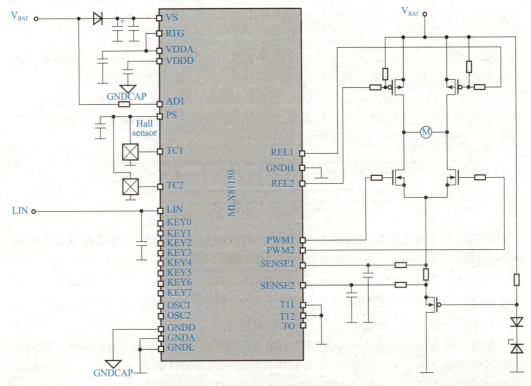

图 2-7　MLX81150 典型应用电路

MLX81150 也可以控制如车门玻璃升降这样的电路，两个霍尔传感器可以实现单触功能。

MLX81150 典型应用电路

第四节　汽车车门 LIN 总线通信模块

一、LIN 报文帧

数据链路层 LIN 总线协议的一个报文帧由报文头和响应组成。图 2-8 所示为 LIN 总线协议的报文帧结构。

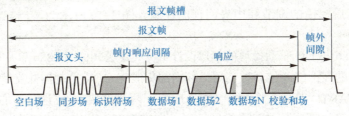

图 2-8　LIN 总线协议的报文帧结构

一般情况下，报文头都是由主节点发送，而响应则是由一个主节点或一个从节点发送。LIN 总线网络中的数据通信都是由主节点发送一个报文头来初始化的。

（1）一个空白场。报文头中的空白场可使节点能够识别一个报文的开始。空白场为 13 位或持续更长时间的显性电平（0）。

（2）一个同步场。同步场则为一个字节长度（0x55 = 0101 0101），可用来使相关从节点进行主从节点的时钟同步。

（3）一个标识符场。标识符场格式如图 2-9 所示。定义报文的信息，长度为一个字节，其中前六位为标识符位，可定义 26 = 64 个标识符（其中保留 4 个标识符作为命令和扩展帧标识符），后两位为奇、偶校验位。

图 2-9　标识符场格式

标识符用于定义数据的传输方向和响应中数据场的长度，并从节点根据标识符判断报文是否与自己相关，从而对报文作出反应，进行通信。

当主节点发送的报文头被相关从节点接收并对标识符判断之后，从节点被要求进行数据发送，而主节点要接收从节点发送的数据，则需要将此标识符定义为接收标识符，对于从节点来说，则需要定义为发送标识符；反之亦然。

响应中数据场的长度由标识符位中的第 4 位和第 5 位（ID5 和 ID4）决定，它们将所有的标识符分成 4 组。每组有 16 个标识符，这些标识符代表着 2、4 和 8 个数据场。数据场的传输由低位到高位，包含了各个节点需要传输的数据。

校验和场是数据场所有字节和的反码，当节点收到数据并进行校验时，要求所有数据字节和与校验和场的字节相加必须是 0xFF。

（4）响应。响应包括 1～9 个字节场（0～8 个数据场和一个校验和场）。其中字节场由字节之间的间隔分开。报文头和响应则由帧内响应间隔分开（它们的最小长度皆为 0）。加上持续 1 个位时间以上的隐性电平（1）组成。

二、XC886 单片机

（1）车门控制中 LIN 通信系统的设计。本设计方案主要采用英飞凌 XC886 单片机作为主节点控制器，以英飞凌的 TLE7259 芯片作为 LIN 驱动模块，这样使主节点车门控制器可以通过 LIN 总线与 3 个从节点车门控制器（TLE7810）进行通信。

作为主节点，在此门控系统中，可以通过驾驶员侧按钮开关对所有车窗进行升降，并可进行后视镜的调节和中央门锁的控制。图 2-10 所示为车门控制系统的结构框图。

（2）XC886 与 UN 驱动模块的接口设计。英飞凌公司的 XC886 单片机是基于 8051 工业标准架构的高性能 8 位微控制器。其内部集成有 CAN 控制器并支持 UN 通信，同时包含两个 UART（其中一个用于支持 LIN）。两个单独 16 位计时器的捕捉/比较单元（CCU），可灵活产生 PWM 信号。集成有高精度 8 路 10 位 ADC、4 个通用 16 位计时器和可编程 16 位看门狗计时器（WDT），并支持片内调试。

XC886 包含多种省功耗模式，非常适用于各种汽车车身网络控制、智能传感器领域。

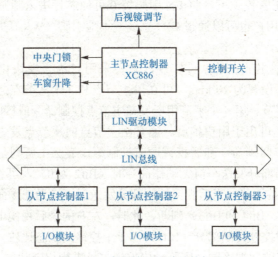

图 2-10　车门控制系统结构框图

三、TLE7259 芯片

如图 2-11 所示，系统中的 LIN 驱动模块选用英飞凌公司的 TLE7259 芯片。其具有总线接地短路保护功能，适用于传输速率为 2.4～20 kb/s 的车载系统通信网络。同时，该器件还具有极强的防静电放电（ESD）特性和优越的抗电磁干扰（EMI）能力。基于固定斜率的斜率控制机制，其还可以实现在宽频带范围内优越的 EMC 性能。在 XC886 作为 LIN 总线主节点控制器的设计方案中，必须在 TLE7259 芯片的 LINBUS 引脚与 INH 引脚之间连接一个 1 kΩ 的电阻和一个反向二极管，并将 TLE7259 配置成主节点驱动模块。TLE7259 芯片具有等待模式、正常模式和睡眠模式三个工作模式。

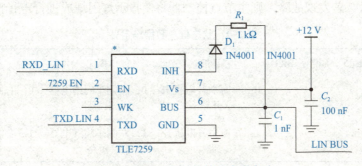

图 2-11　LIN 驱动模块收发器电路

上电后，芯片立即进入等待模式，然后可通过 EN 引脚置 1 使之进入正常模式。在正常模式下，XC886 单片机可在 TXD LIN 管脚输入所需发送的数据流，并通过 TLE7259 芯片转换成 LIN 总线信号，以控制转换速率和波形，从而降低电磁辐射（EME）。LIN 总线的输出管脚（BUS）可通过一个内部终端电阻拉成高电平。TLE7259 芯片可在 LIN 总线的输入管脚检测数据流并通过管脚 RXD_LIN 发送到 XC886 单片机。在正常模式下，将 EN 引脚置 0 可使芯片进入睡眠模式，此时的静态电流不超过 8 mA，用户也可以通过 LIN 总线或本地引脚（WK）进行唤醒，使之重新进入等待模式。

一般 LIN 通信中主节点的软件实现，软件采用 C 语言模块化编写，易于维护。LIN 总线的传输速率设置为 20 kb/s，可在单主节点和 3 个从节点之间通信，支持数据场长度设置为两个字节。第一个字节用于发送主节点控制命令或接收从节点状态信息；第二个字节为预留，可用于用户扩展。通常由主节点向从节点发送控制命令，主要包括车窗升降控制、车门锁命令和后视镜调节控制等，表 2-1 所列是其控制命令的数据场定义。当车窗控制部分发送车窗无动作命令时（Bit2 为 0），可忽略后 2 位（Bit1 和 Bit0）判断，车窗保持原状。当后视镜控制部分发送后视镜无动作命令时（Bit6 为 0），则忽略后 3 位（Bit5、Bit4 和 Bit3）判断，此时，左右两个后视镜电机均无动作，后视镜位置保持原状。中控锁控制部分（Bit7）用于中控锁的状态比较。若位数据相同，则保持中控锁状态；若位数据不同，则驱动中控锁电机进行相应动作。

表 2-1 控制命令数据场定义

中控锁控制	后视镜控制			车窗控制			
Bit7	Bit6	Bit5	Bit4	Bit3	Bit2	Bit1	Bit0
0：中控锁解锁	0：后视镜无动作	0：左侧后视镜	0：X轴电机	0：电机反转	0：车窗无动作	0：自动升降	0：下降
1：中控锁闭锁	1：后视镜动作	1：右侧后视镜	1：Y轴电机	1：电机正转	1：车窗操作	1：手动升降	1：上升

状态信息一般由从节点反馈给主节点，以用于故障诊断，主要包括车窗升降电机和继电器的短路与开路信息等。表 2-2 所列是状态信息的数据场定义。当主节点收到后状态信息后，若发现故障，则主节点控制器将使指示灯闪烁或进行声音报警。

表 2-2 状态信息数据场定义

Bit7	Bit6	Bit5	Bit4	Bit3	Bit2	Bit1	Bit0
未定义					0：车窗举升电机未开路	0：左侧车门继电器未短路	0：右侧车门继电器未短路
					1：车窗举升电机开路	1：左侧车门继电器短路	1：右侧车门继电器短路

主节点初始化之后，系统将处于等待状态，同时检查是否有数据传输需求。主程序每 10 μs 检查一次主节点控制器的按键参数。当驾驶员侧主控板上有按键动作时，系统会将相应按键数据转换成控制命令，并通过 LIN 总线发送给从节点控制器；若没有

按键动作，则要求从节点反馈状态信息，并分析其工作状态。图 2-12 所示为其主节点的程序流程图。

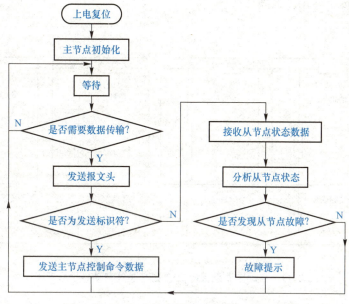

图 2-12　LIN 主节点程序流程图

第五节　LIN 总线的自动寻址原理

一、LIN 总线的自动寻址

在如自动空调的翻板控制功能中，各气道的翻板控制采用伺服电机或步进电机控制。为了使其 LIN 控制单元地址能被主控制单元（空调控制面板中）识别，各分 LIN 控制单元首先要识别自己本身是哪个空气通道的伺服电机控制单元，空气通道上的伺服电机地址是确定的，在打开点火开关初始化时应自动识别伺服电机地址码，并向主机发送自己的地址码。只有各伺服电机找到了对应自己的地址后才能进行极限位置的基本设置，即"先寻址再基本设置"。

二、LIN 总线自动寻址原理

（1）LIN 总线的具体自动寻址结构：图 2-13 中 LIN 总线接空调控制单元（主控单元），4 个空气翻板电机为 LIN 从控制单元，LIN 从控制单元内分别内置地址电阻相同的 R_{11}、R_{12}、R_{13}、R_{14}，接地电阻分别为 R_{21}、R_{22}、R_{23}、R_{24}。

（2）自动寻址过程：由于接地电阻的分流作用，在各 LIN 从控制单元中的地址电阻 R_{21}、R_{22}、R_{23}、R_{24} 的分流作用下，各 LIN 单元的地址电阻电流分别为 $I_1+I_2+I_3+I_4$、$I_1+I_2+I_3$、I_1+I_2、I_1，由于各从控制单元的地址电阻相同，电流的不同导致电压不同，这样，相同的翻板电机控制单元可用到不同的空气通道上，实现气流控制，每个 LIN 从控制单元通过地址电阻的电压来识别自己被安装在哪个翻板所在位置上，这样相同的部件可使用在不同的位置。

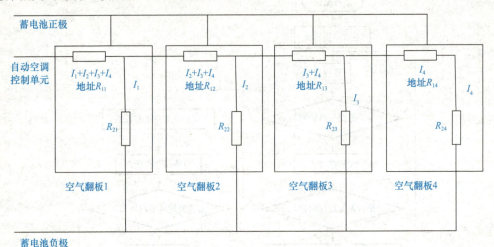

图 2-13 自动空调翻板电机的 LIN 总线自动寻址原理图

更换翻板伺服电机时，要作基本设定，保证空调主控单元能识别电机的极限位置，并通过位置反馈存储这个位置。

三、LIN 自动寻址原理

LIN 自动寻址时，判别子节点的位置可分为 7 步，流程图如图 2-14 所示。

第 1 步，当自动寻址开始时，所有子节点内的上拉电阻及电流源都开路。

第 2 步，检测所有子节点上通过 R_{shunt}（分流电阻）的电流 I_{shunt1}。

第 3 步，所有子节点的电流源 1 导通。

第 4 步，检测此时通过 R_{shunt} 的电流 I_{shunt2}，计算 I_{shunt2} 与 I_{shunt1} 的差值，差值小于基准电压的子节点称为预选子节点。

第 5 步，关闭所有没有被预选的子节点的电流源 1；打开所有预选子节点的电流源 2，同时保持电流源 1 打开状态。

第 6 步，检测预选子节点上通过 R_{shunt} 的电流 I_{shunt3}，计算 I_{shunt3} 与 I_{shunt1} 的差值，如果此差值低于基准电压，则判断此子节点为距离主节点（Master）最近的子节点。此时，将设置的地址写入到此子节点的 RAM（Random Access Memory，随机存取存储器）中。

第 7 步，所有的子节点电流源 1 及电流源 2 开路，上拉电阻导通。

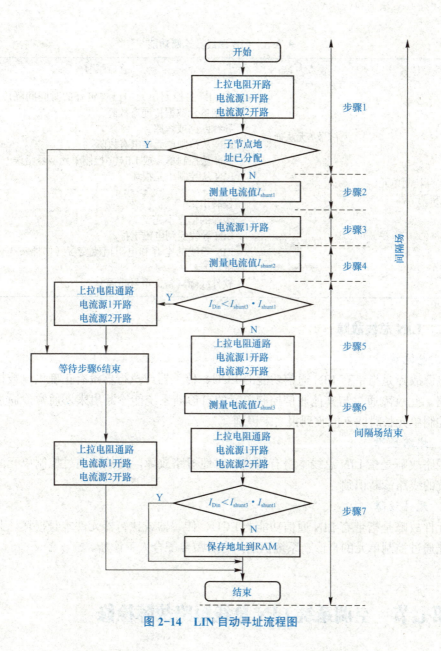

图 2-14 LIN 自动寻址流程图

第六节 LIN 总线自诊断及故障

一、LIN 总线自诊断功能

对 LIN 数据总线系统进行自诊断需要使用 LIN 主控制单元的地址码。自诊断数据经 LIN 总线由 LIN 从控制单元传至 LIN 主控制单元。在 LIN 从控制单元上可以完成所有的自诊断功能。其诊断见表 2-3。

表 2-3　LIN 总线自诊断功能

故障位置	故障内容	故障原因
LIN- 从控制单元，如鼓风机调节器	无信号 / 无法通信	在 LIN 主控制单元中已规定好的时间间隔内，LIN 从控制单元数据传递有故障。 导线断路或短路。 LIN 从控制单元供电有故障。 LIN 从控制单元或 LIN 主控制单元型号错误。 LIN 从控制单元损坏
	不可靠信号	校验出错。 传递的信息不完整。 LIN 导线受到电磁干扰。 LIN 导线的电容和电阻值改变了（如插头壳体潮湿或脏污）。 软件故障（备件型号错误）

二、LIN 总线故障

1. 电源故障

电源故障是指带有 LIN 通信功能的 ECU、传感器或执行器没有正确供电或搭铁形成回路。此故障通过与其他通信控制单元的自诊断系统能诊断出来，通常，通过其他通信控制单元长时间不能收到报文来识别。

2. 线路故障

线路故障是指 LIN 总线本身有断路、对地短路故障。此故障通过控制单元的自诊断系统的线路诊断识别。

3. 元件故障

元件故障是指带有 LIN 通信功能的 ECU、传感器或执行器元件本身损坏。此故障部分能通过控制单元的自诊断系统识别，有时需要配合人工诊断。

第七节　空调系统 LIN 总线短路故障检修

一、故障现象

一辆高尔夫 A7 1.4TSI（J301 半自动空调）轿车，空调开启后压缩机及鼓风机不工作，但控制面板上 A/C 按键显示激活（灯亮）。

二、诊断过程

经过对空调系统的了解及故障分析，利用诊断仪对车辆进行诊断。
（1）读取故障码，显示"本地数据总线，电气故障"。
（2）读取数据流，见表 2-4。

（3）通过诊断仪的故障读取及数据流的确认，锁定该车故障点位于制冷剂压力传感器故障上面。

表 2-4　空调数据流分析

检查项目	测量值
压缩机关闭条件	制冷剂压力传感器故障
压缩机电流，实际值	0.0 A
压缩机电流，实际值	0.0 A
制冷剂压力	故障
鼓风机状态	测量值不存在

三、工作原理

高尔夫 A7 空调控制原理拓扑图如图 2-15 所示。空调系统控制原理如下：

（1）自动空调控制单元（J301）通过 LIN 总线将开关信号发送至高压压力传感器（G805）及鼓风机控制单元（J126）。

（2）自动空调控制单元（J301）通过 LIN 总线监控空调高压压力传感器（G805）及空调鼓风机控制单元（J126）的工作状态。

（3）自动空调控制单元（J301）通过 LIN 总线接收到空调高压压力传感器（G805）压力大约 13 bar 时，激活空调压缩机变量调节阀（N280）。

（4）自动空调控制单元（J301）通过舒适 CAN 总线将空调信息传输至发动机控制单元，由发动机控制单元激活散热器电子风扇。

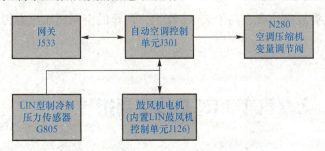

图 2-15　高尔夫 A7 空调控制原理拓扑图

四、原因分析

通过对空调系统分析并结合本车实际故障现象，可能存在以下几个方面问题：

（1）高压压力传感器（G805）故障。

（2）空调新鲜空气鼓风机控制单元（J126）故障。

（3）舒适 CAN 总线或空调 LIN 总线短路 / 断路。

（4）自动空调控制单元（J301）本身故障。

五、诊断测试

（1）连接示波器打开点火开关对 LIN 总线进行检测，波形为接地电压，发现 LIN 总线对地短路故障。

（2）关闭点火开关，断开自动空调控制单元（J301）、鼓风机控制单元（J126）、高压压力传感器（G805）插脚，测试 LIN 总线未发现线路对地短路情况。

（3）参照电路图显示插脚定义，分别对各控制单元及传感器进行短路检查，发现高压压力开关（G805）对地短路故障。

通过万用表检测，发现该车空调系统无法正常工作的故障是由于高压压力传感器（G805）内部对地短路导致的。

六、故障排除

更换新的高压压力传感器（G805），再次读取数据，见表 2-5。故障排除，空调系统正常工作。

表 2-5　空调数据流分析

检查项目	测量值
压缩机关闭条件	压缩机启用，不存在关闭条件
压缩机电流，实际值	0.560 A
压缩机电流，实际值	0.555 A
制冷剂压力	12.6 bar
鼓风机状态	激活

另外，如此类故障出现在高尔夫 A6 车上，两车的空调高压压力传感器信号波形完全不同。

第八节　大众汽车 LIN 总线实训指导书

一、实训目的

学会使用大众的专用测量仪器 VAS6356 和诊断仪器 VAS6150B 进行 LIN 总线波形的测量与分析。

二、实训工具

（1）VAS6356 测量仪器。

（2）VAS6150B 诊断仪器。

（3）诊断线束 1594D。

(4)大众迈腾 B7 轿车 1 辆（右后车窗通信故障）。

(5)维修工具车 1 辆（含有常用工具）。

三、技术资料

(1)大众 TEIS 维修手册。

(2)实习、实训指导书。

(3)相关教学视频与软件资料。

四、实训内容

(1)VAS6356 测量仪器和 VAS6150B 诊断仪器按照面板上的端口标识连接即可或按照维修手册的指导连接。

(2)测量 LIN 总线电阻。

(3)绘制 LIN 总线波形图，并画出波形。

五、实训记录

(1)测量 LIN 线电阻。

	对地电阻	对正极电阻	线内是否断路
LIN 总线			

(2)绘制出 LIN 总线波形图。

六、实训时间

45 min。

七、实操评价

实操评价见表 2-6。

表 2-6 实操评价

序号	评价项目	考核内容	配分	评价标准	得分
1	资料查询	工艺、资料的获取	10 分	正确地按照实操车型选取技术文件资料	
2	实操准备	常、专用工具的准备	5 分	正确地准备实操所需的常用与专用工具	
		各检测设备连接	20 分	根据各检测设备功能、按照诊断仪提示的连接方法正确地连接各检测设备	
3	实操实施	电压测量	20 分	识读电路图、正确地测量 LIN 总线电压	
		波形测量	30 分	会使用诊断工具读取 LIN 总线的电压	
4	5S 与安全	5S	10 分	能保持实操现场的整洁、工具与设备的整理	
		安全	5 分	车辆安全	
5	分数				

第三章
CAN 总线

第一节 CAN 总线概述

一、CAN 总线产生与发展

在 1980 年早期,Bosch 公司的工程师就开始论证当时的串行总线用于客车系统的可行性。因为没有一种现成的网络方案能够完全满足汽车工程师们的要求,于是,在 1983 年年初,Uwe Kiencke 开始研究一种新的串行总线。新总线的主要方向是增加新功能、减少电气连接线,使其能够用于产品,而非用于驱动技术。图 3-1 所示为 CAN 通信示意。

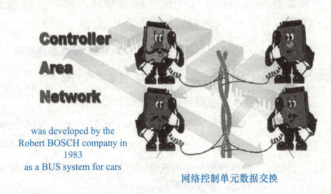

图 3-1 CAN 通信示意

1986 年 2 月,在底特律的汽车工程协会大会上,由 Bosch 公司研究的新总线系统被称为"汽车串行控制器局域网"诞生。CAN 基于非破坏性的仲裁机制,能够确保高优先级报文的无延迟传输,并且不需要在总线上设置主控制器。另外,CAN 的创造者们在当时就已经实现了数种在 CAN 中的错误检测机制。该错误检测也包括自动断开故障节点功能,以确保能继续进行剩余节点之间的通信。传输的报文并非一定根据报文发送器/接收器的节点地址识别(几乎其他的总线都是如此),而是根据报文的内容识别。同时,用于识别报文的标识符也规定了该报文在系统中的优先级。

在 1990 年早期，Bosch CAN 规范 CAN2.0 版被提交给国际标准化组织。在数次行政讨论之后，应一些主要的法国汽车厂商要求，增加了"Vehicle Area Network（VAN）"内容，并于 1993 年 11 月出版了 CAN 的国际标准 ISO 11898。除 CAN 协议外，它还规定了最高至 1 Mb/s 波特率时的物理层。同时，在国际标准 ISO 11519-2 中也规定了 CAN 数据传输中的容错方法。

1995 年，国际标准 ISO 11898 进行了扩展（CAN2.0B），以附录的形式说明了 29 位 CAN 标识符。

2000 年以后，一个由数家公司组成的 ISO 任务组织定义了一种时间触发 CAN 报文传输协议的"CAN（TTCAN）"，计划在将来标准化为 ISO 11898-4。因为 CAN 协议并未改变，所以，在同一个物理层上，既可以实现传输时间触发的报文，也可以实现传输事件触发的报文。TTCAN 将为 CAN 延长 5～10 年的生命期。现在，CAN 在全球市场上仍然处于起始点，当其得到重视时，谁也无法预料 CAN 总线系统在下一个 10～15 年内的发展趋势。

[主要协议] ISO 11898-6：选择性唤醒相关的低功耗策略。ISO 11898-1：数据链路层和物理层信号；ISO 11898-2：高速接入单元；ISO 11898-3：低速容错接入单元；ISO 11898-4：时间触发通信；ISO 11898-5：低功耗的高速接入单元；ISO 11898-6：选择性唤醒的高速接入单元。

二、CAN 总线七层

CAN 国际标准开放式系统互联（ISO/OSI）开发共分为 7 层（表 3-1）。对于从事汽车诊断工作人员只要熟练应用第 1 层的操作检查部分，教师了解第 2 层即可，但对于从事汽车网络一线开发人员则需要熟练应用整个七层。

表 3-1 国际标准开放式系统互联（ISO/OSI）基本参照模型

ISO/OSI 基本参照模型		各层定义的主要项目
软件控制	7 层：应用层	由实际应用程序提供可利用的服务
	6 层：表示层	进行数据表现形式的转换，如文字设定、数据压缩、加密等的控制
	5 层：会话层	为建立会话式的通信，控制数据正确地接收和发送
	4 层：传输层	控制数据传输的顺序、传送错误的恢复等，保证通信的品质，如错误修正、再传输控制
	3 层：网络层	进行数据传送的路由选择或中继，如单元间的数据交换、地址管理
硬件控制	2 层：数据链路层	将物理层接收的信号（位序列）组成有意义的数据，提供传输错误的控制等数据传输控制流程，如访问的方法、数据的形式；通信方式、连接方式、同步方式、检错方式；应答方式、通信方式、包（帧）的构成；位的调制方式（包括位时序条件）
	1 层：物理层	规定了通信时使用的电缆、连接器等的媒体、电气信号规格等，以实现设备间的信号传送，如信号电平、收发器、电缆、连接器等的形态
注：OSI：Open System Interconnection（开放式系统间互联）		

为了方便了解开放式网络互联的 7 层，可用日常生活中的一个例子加以说明，如图 3-2 所示。本章重点讲解开放式网络互联的 7 层的第 1 层和第 2 层（第 3 层以上不做具体开发未涉及），第 2 层以数据帧作说明，更具体的可以参考本书附录的 CAN 总线协议。

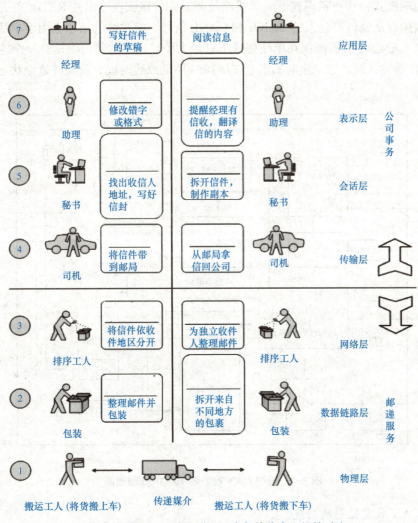

图 3-2　开放式系统互联和日常邮件收发之间的对比

第二节　低速 CAN 工作原理

一、低速 CAN 收发器功能

1. 功能描述

TJA1053 是介于 CAN 协议控制器和物理总线之间的一个接口芯片（图 3-3）。

TJA1053 设计之初是在车实现低速的 CAN 总线，最高速率为 125 kb/s。此芯片在总线和 CAN 控制器之间提供差分发送和差分接收，为了减小射频（RF）干扰，上升和下降的斜坡被做了限制。这种限制允许不用屏蔽线的双绞线或平行并行线作为总线，而且假如一条总线损坏，芯片支持另一条总线仍具有传输能力失效检测逻辑自动选择一个适合的传输模式。在正常模式下（无线路故障）差分接收器输出到 RXD，差分接收器的输入端接有从滤波器过来的 CANH 和 CANL 信号，经过滤的信号也用于单线接收，CANH 和 CANL 接收器确保在单线模式下有最大噪场边界的阈值电压。一个定时器集成在 TXD 的输入端，这个定时器阻止 TJA1053 驱动总线时成为长期的显性状态。

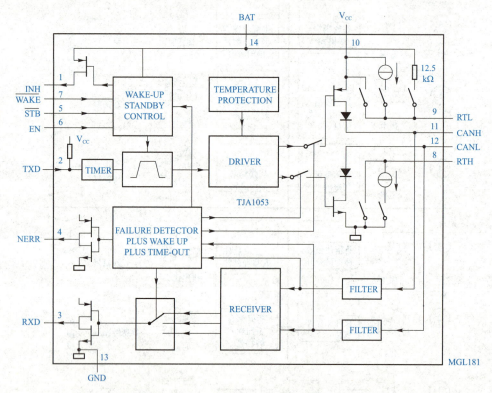

图 3-3　低速 CAN 收发器 TJA1053 原理图

2. CAN 收发器引脚功能

端口号 INH、引脚 1 功能为监控外部供电 5 V 电压，给外部电压调节器输送调节信号；端口号 TXD、引脚 2 功能为发送端：CANL 为显性电压脉冲，CANH 线为隐性电压脉冲；端口号 RXD、引脚 3 功能为当 CANL 线是显性电压脉冲时，接收数据输出；端口号 NERR、引脚 4 功能为输出低电平，表示有故障存在；端口号 STB 非、引脚 5 功能为低电平启动待机控制信号；端口号 EN、引脚 6 功能为使能输入；端口号 WAKE 非、引脚 7 功能为采用低电平唤醒，即 INH 被下拉唤醒；端口号 RTH、引脚 8 功能为终端电阻，CANH 线在总线故障，关闭末级开关时，总线呈现高阻抗状态；端口号 RTL、引脚 9 功能为终端电阻，CANL 线在总线故障，关闭末级开关时，总线呈现高阻抗状态；端口号 V_{CC}、引脚 10 功能为稳压调节器输出 5 V；端口号 CANH、引脚 11

功能为高线在 1 时是显性电位；端口号 CANL、引脚 12 功能为低线在 0 时是显性电位；端口号 GND、引脚 13 功能为接地；端口号 BAT、引脚 14 功能为蓄电池电压。

3. 低速 CAN 收发器真值表

低速 CAN 收发器真值表（表 3-2）是 CAN 收发器控制的分析表。

表 3-2　低速 CAN 收发器真值表

STB 非	EN	模式（MODE）	INH	NERR	RXD	RTL
0	0	V_{BAT} 供电待机[(1)]	1	假如 V_{CC} 供电，NERR 被激活成 0 唤醒中断信号		切换到 V_{BAT}
0	0	睡眠模式[(2)]	浮动			
0	1	转向睡眠模式	浮动			
1	0	V_{CC} 供电待机[(3)]	1	NERR = $0V_{BAT}$ 供电标志	RXD = 0 唤醒中断	切换到 V_{CC}
1	1	正常操作模式	1	NERR = 0 有故障标志	显性 = 0，隐性 = 1	

[(1)] 当进入正常工作模式时，唤醒中断取消；
[(2)] 假如以前执行转向睡眠命令（当 V_{CC} 供电电压下降时，EN 切换为 0，由于失效保护功能，不会影响内部功能）；
[(3)] 当进入正常工作模式时，V_{BAT} 供电标志重置

4. TJA1053 原理图详解

如图 3-4 所示为 TJA1053 原理图的详解图。这个详解图为后边的端口工作原理提供了有利的原理支撑。

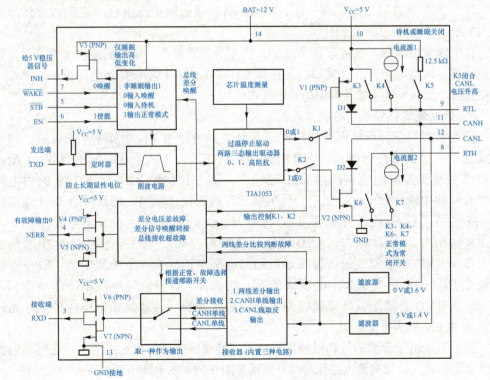

图 3-4　低速 CAN 收发器 TJA1053 原理图的详解图

5. 故障检测

在正常操作模式下会出现以下 7 种故障，但总线仍是能工作的，当检查出失效元件后进行出单线故障，会使总线切换到一个适当的模式。

（1）故障 1 为 CANH 断路。

（2）故障 2 为 CANL 断路。

（3）故障 3 为 CANH 对蓄电池正极短路。

（4）故障 4 为 CANL 对蓄电池负极短路。

（5）故障 5 为 CANH 对蓄电池负极短路。差分接收器阈值被设定在 –2.9 V，这个设定阈值在正常操作模式下确保万一出现故障 1、2、5 这种噪声高的情况时也能正确接收，这些故障或从故障情况中恢复都不会破坏正在进行的传输。

（6）故障 6 为 CANL 对蓄电池正极短路。故障 3 和故障 6 通过比较器可以直接检测到，假如比较器的门槛值超过一定时间，接收转换成单线模式。定时器需要避免电平被外部射频信号（RF）触发故障。经过一定时间，传输没有故障可自动从故障恢复正常。CANH 线驱动器和 RTH 引脚在故障 3 时开关会断开。

（7）故障 7 为 CANL 和 CANH 之间短路。故障 4 和故障 7 导致 RXD 永远在显性电平，在超时后，CANL 驱动器和 RTL 间的开关断开，RTL 只保持一个微弱的上拉电流。通过转换到单线运行，接收可通过 CANH 来完成，当故障 4 和故障 7 解除时，恢复为隐性电平。假如差分电压保持在低于隐性电压门槛值一定时间，接收和发送开关返回到差分模式。

以上的 7 个故障出现任何一个，NERR 端口都会输出低电位，直到故障恢复，NERR 端子才会再次输出高电位。

在单线发送期间，电磁兼容（EMC）比差分发送要差，集成的接收滤波器阻止诱导到线路中的高频噪声。滤波器的截止频率在传播延时和高频抑制之间折中。单线运行模式时，低频噪场不能从有用信号中区别出来。

6. 低电能运行模式（待机模式）

接收器提供三种低电压运行模式，可通过 STB 非和 EN 引脚电平来设定。睡眠模式是一种最低功耗的模式，INH 引脚切换到高阻抗来减小外部电压调节。CANL 的电压是基于蓄电池电压经过 RTL 输出的，假如提供给 RXD 和 NERR 的供电电压引起唤醒中断。蓄电池（V_{BAT}）待机模式与睡眠模式相同，都是激活 INH 输出。V_{CC} 待机模式就是 V_{BAT} 待机在 RTL 转至 V_{CC} 供电的模式，在 V_{CC} 待机模式下，NERR 输出 V_{BAT} 启动标志，RXD 输出将会唤醒中断。当一个显性信号在两条总线上或 WAKE 非引脚接地，接收器识别出唤醒申请。在一个唤醒申请，收发器将会设定 INH 去激活外部 V_{CC} 电压调节器，假如 V_{CC} 被提供的唤醒申请能被读到，NERR 或 RXD 会输出。外部微控制器能唤醒收发器（转换到正常操作模式）通过 STB 非和 EN 引脚电平。

为了阻止由于瞬变信号和射频信号唤醒，唤醒的电压门槛电平会在一定时间内保持低电能模式。故障检测电路保持部分激活来阻止增加的电能消耗时，会导致故障 3、故障 4 和故障 7 的发生。

7. 上电

上电后，V_{BAT} 被闭合，INH 引脚变为高电平，一个内部上电标志被设置。标志可通过 NERR 引脚（STB 非 = 1，EN = 0）读取，标志将会在进入正常模式后重置。EN 和 STB 非引脚在内部设置为低电平，假如电压 V_{CC} 低于一定的门槛值水平，提供失效保护功能。

8. 保护

电流限制电路保护发送器输出的对正极和对负极的短路。如果节温超过最大值，发送器输出失效。因为发送器是主要的电能消耗元件，通过关闭输出可能会导致电能消耗下降，降低芯片温度，但其他元件仍保持工作状态。CANH 和 CANL 输入端元件防止了可能发生在汽车环境中的电压或电流瞬变。

二、低速 CAN 芯片的外围连接功能

图 3-5 所示为两个 ECU 在总线上的布置，两侧可扩展其他 ECU，实现 CAN 网络。总线 CANH 和 CANL 线之间没有电阻，但是结合 TJA1053 的内部原理图 K1 和 K2 开关被断开，不再驱动 V2、V3 两个电子开关时，可以发现总线 CANH 和 CANL 线之间为高阻状态。

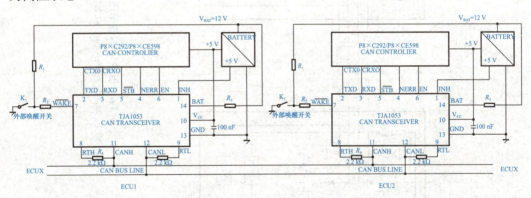

图 3-5 带 CAN 控制器的微控制器 + CAN 收发器 + 低速 CAN 总线

另外，从图中可以看出，TJA1053 有 12 V 供电模式和 VCC 的 5 V 供电模式，正常模式采用 V_{CC} 的 5 V 供电模式。睡眠模式、转向睡眠模式、V_{BAT} 供电待机三种情况下采用 12 V 供电。外部的唤醒外关闭合时实现收发器芯片的唤醒。

三、低速 CAN 端口工作原理

1. 正常工作模式发送

如图 3-6 所示，正常工作模式下，K1、K2、K3、K4、K6 和 K7 开关全闭合。

K1、K2 输出驱动器（DRIVER）给出的相反的驱动信号（K1 路输出为 0，K2 路输出为 1 是一种信号状态）或高阻状态两种信号给 V2、V3 两个开关管的控制极。

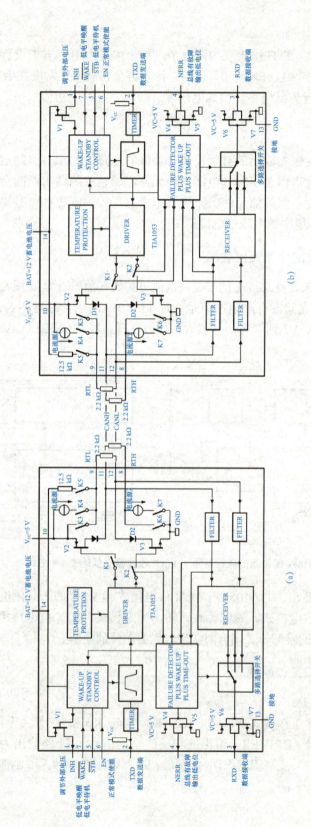

图 3-6 低速CAN通信原理

(a) ECU1内部收发器；(b) ECU2内部收发器

高阻状态时，V2、V3 两个开关发截止（数据为 1）。CANH 通过 2.2 kΩ 电阻向下经开关 K6 与地相连，导致 CANH 电压为 0 V。CANL 向上通过 2.2 kΩ 电阻经开关 K3 与 V_{CC} 相连，导致 CANH 电压为 5 V。

K1、K2 输出驱动器（DRIVER）给出的相反的驱动信号（K1 路输出为 0，K2 路输出为 1 是一种信号状态）时，V2、V3 两个开关导通（数据为 0），但因 2.2 kΩ 电阻一个位于开关上部，另一个位于开关下部，产生的 CANH 和 CANL 电压就不同。具体来说，5 V 电压经 V2 开关管、二极管 D1、CANH、2.2 kΩ 电阻、RTH、向下经开关 K6 与地相连，导致 CANH 电压为 4 V。5 V 电压经 RTL、2.2 kΩ 电阻、CANL、向下经二极管 D2、V3 开关管到地，导致 CANL 电压为 1 V。

K1、K2 输出驱动器分别输出是为了实现在有故障时可以单线发送，不被有故障的 CAN 线牵连出故障。

2. 正常工作模式接收

在图 3-6 中，CANH 线电压减去 CANL 线电压，两线正常的电位差在数据 1 时为 –5 V（0 V–5 V），或数据 0 时的 3 V（4 V–1 V）。经三路输出开关中的一路输出给左侧 ECU1 和右侧 ECU2 的 RXD 接收端，RXD 端是一个图腾柱式的接口驱动器，本质是一个反向器输出。此时，左侧 ECU1 为发送端，同时，也是自身发出信息的接收端，接收回来的信息用来校核自己发送的信息是否正确，可以用于诊断故障。右侧 ECU2 在此时仅用作接收端。

四、低速 CAN 端口数据和脉冲电压

低速 CAN 的端口数据和脉冲电压对应关系见表 3-3。

表 3-3 低速 CAN 的端口数据和脉冲电压对应关系

CAN		显性（0）	隐性（1）
低速 CAN	CANH	约 4 V	约 0 V（因为没数据传输也是 0 V，所以称为隐性）
	CANL	约 1 V	约 5 V（因为没数据传输也是 5 V，所以称为隐性）

【典型实例】低速 CAN 总线脉冲电压波形

如图 3-7 所示为大众汽车迈腾（MAGOTAN）第七代及其之前车型的低速 CAN 总线的波形图（第八代 CAN 总线全部采用高速 CAN）。

如将波形和数据联系在一起，是否可以根据电压差进行识别？例如，CANH = 0 V、CANL = 5 V 这种情况可能是在传递数据 1，也可能是间隔帧的 1，没法区别，所以称为隐性电位。CANH = 4 V、CANL = 1 V 这种情况是在传递数据 0，可以明显看出，所以称为显性电位。

一个根据波形和数据的好记法：数据 1 在脉冲串中占位很像一竖的 1，数据 0 在数据 1 后边很像一个圈。这样高的是 1，矮圈为 0。

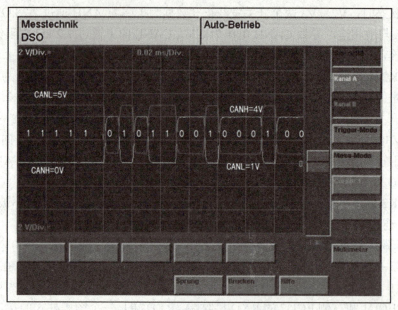

图 3-7 正常低速 CAN 总线波形

第三节 高速 CAN 总线工作原理

一、端口收发器

图 3-8 所示为高速 CAN 收发器芯片 TJA1050 的内部原理图。

高速 CAN 收发器芯片 TJA1050 的内部原理图

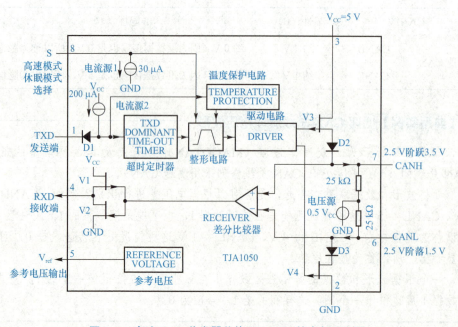

图 3-8 高速 CAN 收发器芯片 TJA1050 的内部原理图

（1）数据发送电路：由 TXD 发送端、D1 二极管、超时定时器、整形电路、驱动电路、V3 开关管、D2 二极管、V4 开关管、D3 开关管、$0.5V_{CC}$ 电压源及两个 25 kΩ 电阻等组成。实际发送电路要在 CANH 和 CANL 输出部分接入终端电阻（120 Ω）或端电阻（几 kΩ 或几十 kΩ 不定，由厂家自由选择）。

（2）数据接收电路：由差分比较器、图腾柱式接口电路两部分组成。图腾柱式接口电路含 V1（PNP）和 V2（NPN）。

电流源是高内阻元件，电压源是无内阻元件。电压源 $0.5V_{CC}$ = 2.5 V 将 CANH 和 CANL 分别控制在 2.5 V。

S 为模式选择端口，在睡眠模式和高速模式（正常模式）之间选择。

二、端口工作原理

1. 数据 1 的发送与接收

如图 3-9 所示，左侧 MCU1 内数据 1 经接口反逻辑后为高电平 0（低电压），发送端 TXD 为低电平，电流源 2 的电源 5 V 形成的电流经 D1 流向 TXD，使得驱动电路为低电平输出作用到 V3 和 V4 的控制极上，V1 和 V3 都截止，这时由电压源 $0.5V_{CC}$ = 2.5 V 控制的高线 CANH 和低线 CANL 电压分别为 2.5 V，在右侧差分比较器收到 CANH = 2.5 V、CANL = 2.5 V 的输入，输出低电平，端口 V1 截止，V2 导通，使 RXD 接收端为低电平，经 MCU2 反逻辑后为数据 1。

TJA1050 的收发原理图

2. 数据 0 的发送与接收

如图 3-10 所示，左侧 MCU1 内数据 0 经接口反逻辑后为高电平 1（高电压），发送端 TXD 为高电平，电流源 2 的电源 5V 形成的电流不能经 D1 流向 TXD，使得驱动电路为高电平输出作用到 V3 和 V4 的控制极上，V1 和 V3 都导通，V3 上部的 5 V 电压形成的电流经 V3、D2、60 Ω、60 Ω、D3、V4、GND 构成回路，原来由电压源 $0.5V_{CC}$ = 2.5 V 控制的高线 CANH 和低线 CANL 电压分别为 2.5 V。由于高线 CANH 上部电流流入和低线 CANL 下部电流流出，高线 CANH 电压升高 1 V 为 3.5 V，低线 CANL 电压下降 1 V 为 1.5 V。右侧差分比较器收到 CANH = 3.5 V、CANL = 1.5 V 的输入，输出高电平，端口 V1 导通，V2 截止，RXD 接收端为高电平，经 MCU2 反逻辑后为数据 0。

3. 显性和隐性

高速 CAN 中数据为 "0" 时，CANH 和 CANL 之间有明显的 3.5-1.5 = 2（V）电压差，称为 "显性"。数据为 "1" 时，CANH 和 CANL 之间有不明显的 2.5-2.5 = 0（V）电压差，称为 "隐性"。高速 CAN 的数据和脉冲对应关系见表 3-4。

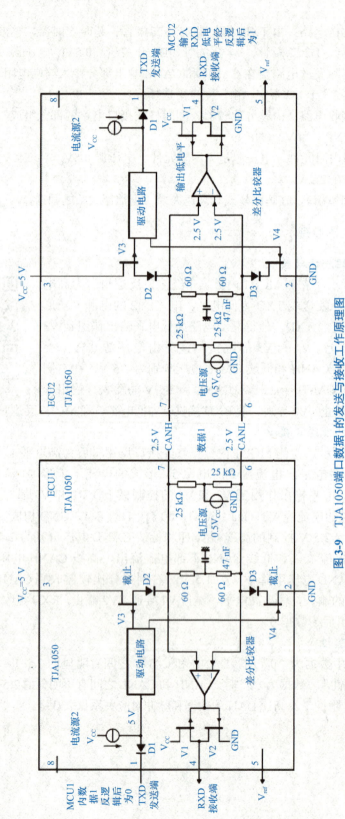

图 3-9 TJA1050端口数据1的发送与接收工作原理图

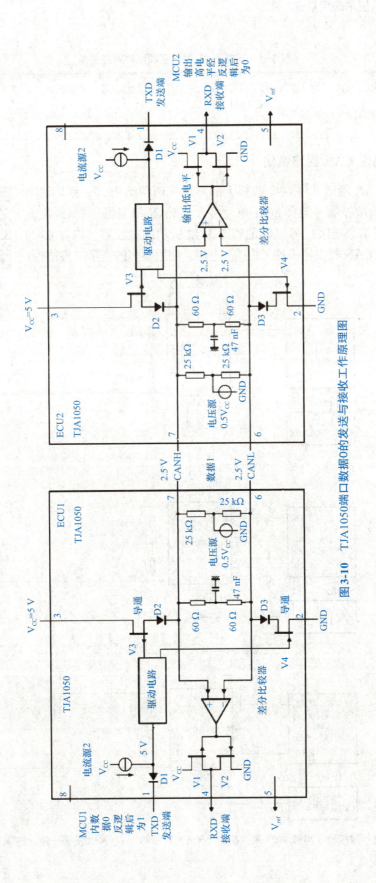

图3-10 TJA1050端口数据0的发送与接收工作原理图

表 3-4　高速 CAN 的数据和脉冲对应关系

CAN		显性（0）	隐性（1）
高速 CAN	CANH	3.5	2.5
	CANL	1.5	2.5

三、高速 CAN 网络结构

高速 CAN 网络元件在电脑板上的布局有两种结构：一种是如图 3-11 所示的微控器（类似 8051 单片机）＋CAN 控制器＋CAN 收发器＋端（终端）电阻；另一种是如图 3-12 所示的微控器（内置 CAN 控制器）＋CAN 收发器＋端（终端）电阻。使用最多的是第二种结构。

微控器类似 8051 单片机之流＋ CAN 控制器＋ CAN 收发器＋ 端终端电阻

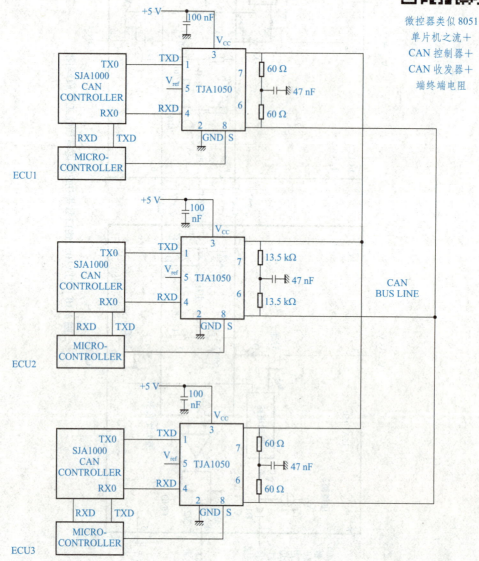

图 3-11　微控器（类似 8051 单片机）＋CAN 控制器＋CAN 收发器＋端（终端）电阻

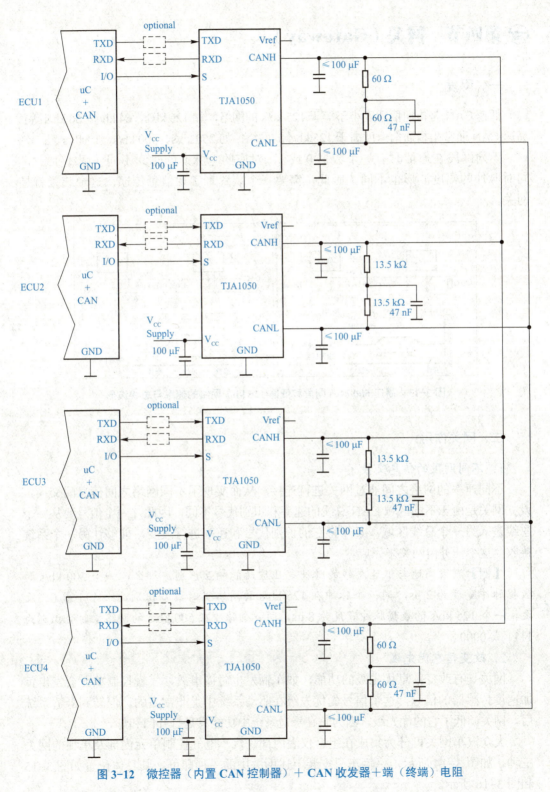

图 3-12 微控器（内置 CAN 控制器）＋CAN 收发器＋端（终端）电阻

第四节 网关（Gateway）

一、网段

低速 CAN 是指通信速度小于等于 125 kb/s 的网络，如 125 kb/s、64 kb/s、50 kb/s 等；高速 CAN 通常是指通信速度高于 125 kb/s 的网络，如 250 kb/s、500 kb/s、1 Mb/s。

不同网段在通信时有一个数据 0 或 1，对应的电脉冲的时间不同（图 3-13），同时脉冲的幅度波形也不同。因此，需要一个装置来实现信息传递，这个装置就是网关。

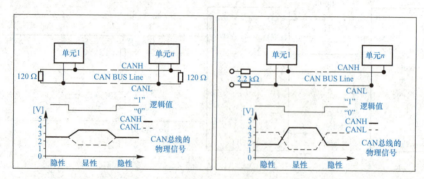

图 3-13　高速 500 kb/s 网段和低速 125 kb/s 网络的速率与总线波形

二、网关作用

1. 不同网段的信息交换

不同速率的网络之间通过网关进行连接，从而实现了不同网络之间信息的交换。设立网关是由于不同区域 CAN 总线的速率和识别代号不同，因此，一个信号要从一个总线进入另一个总线区域，必须将它的识别代号和速率进行改变，能够让另一个系统接收。这个任务由网关来完成。

【例】假设高速与低速总线的脉冲电压彼此能相互识别，那么，一个 500 kb/s 的数据脉冲宽度为 2 μs，同一个脉冲在 125 kb/s 的网络里时最多识别为一个 1 或 0；反之，一个 125 kb/s 的数据脉冲宽度为 8 μs，同一个脉冲在 500 kb/s 的网络里时会识别为 1111 或 0000。

2. 改变信息优先级

网关具有改变信息优先级的功能，如车辆发生碰撞事故，气囊控制单元会发出负加速度传感器的信号，这个信号的优先级在驱动系统中是非常高的，但转到舒适系统后，网关调低了它的优先级，因为它在舒适系统中功能只是打开门和灯。

大众汽车网关可分为集成在组合仪表内部、汽车电气控制单元内部及单独的网关三种，如图 3-14 所示，一辆车只安装上述网关中的一种即可。其具体位置如图 3-15 和图 3-16 所示。

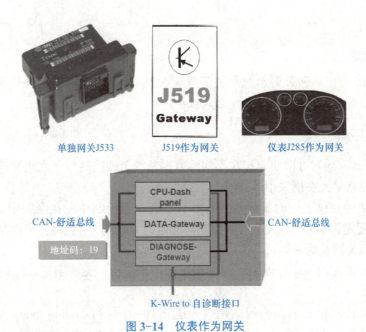

图 3-14 仪表作为网关

图 3-15 J519 作为网关

图 3-16 独立网关（加速踏板上方）

【技术指导】

仪表作为网关的情况如宝来（BORA A4）有动力 CAN、舒适 CAN，接诊断仪的仍是 K 线。捷达（JETTA）用 J519 作为网关，而速腾、迈腾采用独立的网关。

【完成任务】德国大众汽车 CAN 网关的三种存在方式：_____、_____、_____；单独网关 J533 的地址码是：_____；中央电气控制单元 J519 的地址码是：_____；内部网关地址码是：_____；仪表 J285 的地址码是：_____；内部网关地址码是：_____。

在图 3-16 中，从网关引出测量用 T 形接线盒，从接线盒测量总线的波形可以增加测量的可靠性和防止不必要的 CAN 总线破损。

三、网关编码原因

网关（Gateway）可以使连接在不同的数据总线上的控制单元之间交换数据。网关的编码就是控制单元在网关中的注册。

当网关硬件在仪表中时编码规则：如自动变速箱控制单元在网关中定为 00001、ABS 控制单元定为 00002、安全气囊控制单元定为 00004，网关将三个控制单元相加的总和 00007 作为网关的编码。

控制单元未在网关中注册时，诊断仪显示：未注册、无法到达、编码不正确、无法进行通信。

独立网关控制单元的编码规则是进入地址 19-07 找到 Coding long，如图 3-17 所示。编码方法是功能引导程序→故障引导程序→自诊断中的读写长编码。

图 3-17 独立网关编码

【完成任务】尝试进行网关编码：功能引导程序→故障引导程序→自诊断中的读写长编码→读取数据块。

图 3-18 所示为 PQ35/PQ46 平台汽车网络系统。

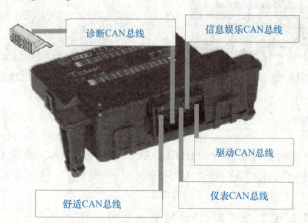

图 3-18 PQ35/PQ46 平台汽车网络系统

图 3-19 所示为 PQ35/PQ46 平台网关管脚说明。

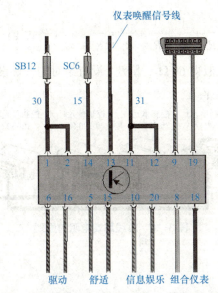

图 3-19 PQ35/PQ46 平台网关管脚说明

【完成任务】根据图 3-19 PQ35/PQ46 平台网关管脚说明，写出五种总线，分别是：_____、_____、_____、_____、_____；常电是：_____；点火开关供电是：_____；搭铁是：_____；仪表唤醒信号线的唤醒方法是：_____。

第五节　CAN 总线电阻

一、总线终端电阻原则

1. 端电阻

端电阻是指两端电阻之间的控制单元内部电阻，在几千欧姆左右，对总线的总电阻起次要作用。通常两个终端控制单元有一个是网关。

2. 终端电阻

终端电阻是 CAN 网络双绞线两端距离最远的两控制单元内的端电阻，这两个电阻起主要作用。

3. 总线终端电阻的原则

在图 3-20 中，控制单元 1、2、3、4 内部有与控制单元 1 相同的硬件结构，若将控制单元 1 作为网关，控制单元 1 网关的终端电阻 R_1 为 120 Ω，空间上距离网关控制单元 1 最远的控制单元 2 的终端电阻 R_3 也应为 120 Ω，因为总线电阻大小是有限的，即一个网络所有控制单元终端电阻并联为 60 Ω，两个 120 Ω 并联，已经为 60 Ω，为了接入控制单元 3 和控制单元 4，控制单元 3 和控制单元 4 的终端电阻就要大得多，以满足所有控制单元终端电阻并联为 60 Ω 的要求。

$$\frac{1}{R_1}+\frac{1}{R_3}+\frac{1}{R_7}+\frac{1}{R_8}=\frac{1}{R} \qquad (公式1)$$

公式 1 中结果 R 可近似得 60 Ω，事实上没有绝对的一种设计。

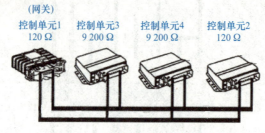

图 3-20　总线终端电阻的原则

小问题和大问题：在图 3-20 中的 4 个控制单元中，分析为什么控制单元 3 和控制单元 4 的 CANH 或 CANL 线路断路只出现小问题，而控制单元 1 和控制单元 2 的 CANH 或 CANL 线路断路则出现大问题。

二、终端电阻测量

断开电源等待至少 5 min，拆下相对应的控制单元，测量终端电阻值为 120 Ω；动力总线总的电阻值约为 60 Ω。

【完成任务】根据图 3-21 测量动力系统总线的总电阻是：_____；断开离网关最远的控制单元后再测量一下电阻是：_____。一般终端电阻和端电阻在控制单元内部不会损坏，实际测量总电阻是为确认终端控制单元是否在总线上，因为总电阻会变大，如 CAN 更接近 120 Ω。

图 3-21　CAN 总线总电阻测量

三、CAN 总线颜色

目前，大众汽车 LIN 总线是固定一种颜色，CAN 总线有动力总线、舒适总线、信息娱乐总线、仪表总线和诊断总线共 5 条，要用颜色来区分，如图 3-22 所示。

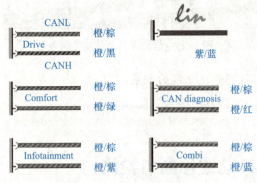

图 3-22　CAN 总线的颜色

（1）动力总线主要特征：传输速率为 500 kb/s；传递 1 bit 所需时间为 2 μs［平均一个信息帧用时为 108×2 = 216（μs），约需 0.2 ms］；无数据传输时的基础电压值约为 2.5 V；线色：CANH＝橙/黑，CANL＝橙/棕；线径：0.35 mm^2；无单线工作模式。如图 3-23 所示为动力总线实物颜色。

图 3-23　动力总线实物颜色

【完成任务】写出动力总线的颜色：

CANH：_____；CANL：_____。

（2）舒适总线主要特征：传输速率为 100 kb/s；传递 1 bit 所需时间为 0.010 ms（平均一个信息帧大约需 1.1 ms）；无数据传输时的基础电压值：CANH＝0 V、CANL＝5 V（12 V）；线色：CANH＝橙/绿，CANL＝橙/棕；线径：0.35 mm^2；有单线工作模式。如图 3-24 所示为舒适总线实物颜色。

图 3-24　舒适总线实物颜色

【完成任务】写出舒适总线的颜色：

CANH：_____；CANL：_____。

（3）信息娱乐总线主要特征：传输速率为 100 kb/s；传递 1 bit 所需时间为 0.010 ms（平均一个信息帧大约需 1.1 ms）；无数据传输时的基础电压值：CANH＝0 V、

CANL＝5 V（12 V）；线色：CANH＝橙/紫，CANL＝橙/棕；线径：0.35 mm²；有单线工作模式。如图3-25所示为信息总线实物颜色。

图3-25　信息娱乐总线实物颜色

【完成任务】写出信息娱乐总线的颜色：
CANH：_____；CANL：_____。

第六节　CAN总线诊断与检修

一、CAN总线自诊断

1. 与CAN总线系统相关的ECU工作状态描述

连接在CAN总线上的ECU的工作状态很大程度上决定了CAN总线的使用情况，并且ECU工作状态之间的切换涉及信息列表中各信息的优先级设置、总线的唤醒策略和故障排除与自修复等问题。该系统中，ECU的工作状态可分为上电诊断状态、正常工作状态、休眠状态、总线关闭状态、掉电状态、调试及编程状态六类。

（1）上电诊断状态。ECU上电后，应有一个初始化过程。在完成本模块的初始化后，应发送网络初始化信息，同时监听其他节点的网络初始化信息。通过网络初始化信息的交换，由ECU判断整个网络是否完成初始化过程，是否能够进入正常工作状态。

（2）正常工作状态。在正常工作状态下，ECU之间通过CAN总线进行通信，以实现传感器测量数据的共享、控制指令的发送和接收等。当休眠条件满足时，ECU从正常工作状态转入休眠状态；当CAN模块故障，计数器的计数值为255时，ECU从正常工作状态转入总线关闭状态。

（3）休眠状态。在休眠状态下，ECU及其模块处于低功耗模式。一旦接收到本地唤醒信号（本地触发信号）或远程唤醒信号（CAN总线激活信号），就会从休眠状态转入正常工作状态，其间需要使用网络初始化信息。

（4）总线关闭状态。处于总线关闭状态的ECU延迟一段时间后，复位CAN模块，然后重新建立与CAN总线的连接。若连续几次都无法正常通信，则ECU将尝试将通信转移到备用总线上。若转移成功，则发送主总线故障信息。

（5）掉电状态。关闭电源时，ECU所处的状态。

（6）调试及编程状态。调试及编程状态用于调试及系统软件升级。

2. CAN双线式总线系统的检测方法

在检查数据总线系统前，必须保证所有与数据总线相连的控制单元无功能故障。

功能故障是指不会直接影响数据总线系统，但会影响某一系统的功能流程的故障。如传感器损坏，其结果就是传感器信号不能通过数据总线传递。这种功能故障对数据总线系统有间接的影响。这种故障会影响需要该传感器信号的控制单元的通信。如果存在功能故障，应先排除该故障：记录下该故障并消除所有控制单元的故障代码。

排除所有功能故障后，如果控制单元之间数据传递仍不正常，则应检查数据总线系统。检查数据总线系统故障时，须区分采用以下两种可能的方法：

（1）两个控制单元组成的双线式数据总线系统的检测。检测时，关闭点火开关，断开两个控制单元（图3-26），检查数据总线是否断路、短路或对正极/搭铁短路。如果数据总线无故障，拆下较易更换（或较便宜）的一个控制单元测试；如果数据总线系统仍不能正常工作，则更换另一个控制单元。

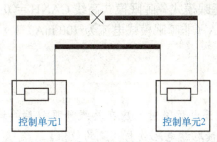

图3-26 两个控制单元组成的双线式数据总线系统的检测

（2）三个以上控制单元组成的双线式数据总线系统的检测。检测时，先读出控制单元内的故障代码。如果控制单元1、控制单元2和控制单元3之间无法通信（图3-27），则关闭点火开关，断开与总线相连的控制单元，检查数据总线是否断路。如果总线无故障，则更换控制单元1；如果所有控制单元均不能发送和接收信号（故障存储器存储"硬件故障"），则关闭点火开关，断开与数据总线相连的控制单元，检测数据总线是否短路、是否对正极/搭铁短路。

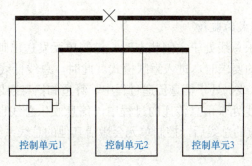

图3-27 三个以上控制单元组成的双线式数据总线系统的检测

如果从数据总线上检查不出引起硬件损坏的原因，则检查是否是由某一控制单元引起的故障。断开所有通过CAN数据总线传递数据的控制单元，关闭点火开关，接上其中一个控制单元，早期还可以连接V.A.G1551或V.A.G1552（T16中有K线才可用），现在要用VAS5051或更新的诊断仪，打开点火开关，清除刚接上的控制单元的故障代码。用功能 06 来结束输出，关闭并再打开点火开关。打开点火开关 10 s 后用故障诊断仪读出刚接上的控制单元故障存储器内的内容。如显示"硬件损坏"，则更换刚接上的控制单元；如未显示"硬件损坏"，则接上下一个控制单元，重复上述过程。连接蓄电池接线柱后，输入收音机防盗密码，进行玻璃升降器单触功能的基本设定及时钟的调整。对于使用汽油发动机的汽车，还应进行节气门控制单元的自适应。

二、总线睡眠和唤醒

1. 总线睡眠

睡眠模式仅存在于舒适和信息娱乐总线上。在车辆落锁 35 s 后，或不锁车但没任何操作 10 min 后进入睡眠模式。睡眠模式高线 CANH = 0 V；低线 CANL = 12 V。睡眠模式电流为 6～8 mA（非睡眠模式电流为 700 mA）。

认为蓄电池有异常的漏电故障时，应在总线睡眠以后再进行测量，即示波器显示的波形进入休眠状态，再读取蓄电池放电电流的数值。

2. 总线激活

控制单元 15 号线断电后的总线维持激活功能：控制单元外部的 15 号线供电激活总线控制器开始工作，但 15 号线断电后，并不直接控制控制器停止工作。因为在 15 号线断电后，有些控制单元仍然需要交换信息，所以设计上在控制单元内部，用 30 号线常电继续激活"控制单元内部"的 15 号线（也称虚 15 号线），保证断电后信息的正常传递。再激活功能的时间为 10～15 min（即点火开关关闭后各控制器之间再通信的时间）。

3. 睡眠和唤醒模式的监控

当舒适和信息娱乐总线处于空闲状态时，控制单元发送出睡眠命令，当网关监控到所有总线都有睡眠的要求时，进入睡眠模式。此时，总线低线电压为 12 V，高线电压为 0 V。如果动力总线仍处于信息传递过程中，舒适和信息娱乐总线是不允许进入睡眠状态的。当舒适总线处于信息传递的过程中，信息娱乐总线也不能进入睡眠模式。当某一个信息激活相应的总线后，控制单元会激活其他的总线系统。

第七节　CAN 总线数据流和示波诊断

一、网关数据块

【完成任务】选择一辆具有 CAN 总线的大众汽车，进入网关 J533，根据表 3-5 网关数据块，读取不同通道的数据，若总线无故障显示：_____；有故障显示：_____。

表 3-5 网关数据块

	一区	二区	三区	四区
	CAN 动力总线			
125	Engine control unit 发动机控制单元	Gearbox control unit 变速箱控制单元	ABS control unit 防抱死控制系统	Combined instrument 组合仪表
126	Steering angle sensor 转向角传感器	Airbag control unit 安全气囊控制单元	Electric steering 电动转向控制单元	Dynamic headlight 动态大灯
127	All-wheel ECU 四轮驱动控制单元		Immobiliser 防盗器控制单元	
	CAN 舒适总线			
130	Uniline/dual line 单线/双线	Central electrical system 中央电气系统	Central control unitcomfort 舒适电气	Driver's door ECU 左前门控制单元
131	Front passenger door ECU 副驾驶员侧门控制单元	Rear left door ECU 左后侧门控制单元	Rear right door ECU 右后侧门控制单元	Memory seat adjustment 带记忆座椅调节
132	Tyre pressure monitoring 轮胎压力监控	Steering wheel ECU 转向柱控制单元	Climatronik 自动空调	Parking distance control 驻车距离控制
133	PTC heating PTC 加热	Electrical soft top 电控软棚顶	Trailer control unit 挂车控制单元	
134	Special vehicles 专用汽车			
	CAN 信息娱乐总线			
140	Uniline/dual line 单线/双线	Digital sound system 音频系统	Telematics 车载通信	Navigation 导航
141	TV tuner TV 调谐器	Voice control 功率放大器	Radio 收音机	Telephone 电话
142	Auxiliary heater 辅助加热（驻车加热）器			

二、波形特征

无信号传递（即 CAN BUS 空闲时）发射隐性信号，新的信息以显性开始。

动力总线（高速总线）隐性电压：关闭点火开关一定时间（0.5～5 s）系统停止工作。

CANH = 2.5 V　　　　　CANL = 2.5 V

舒适和信息总线（低速总线）隐形电位：关闭点火开关系统休眠电压为 12 V。

CANH = 0 V　　　　　CANL = 5 V

三、DSO 设置

双通道示波器 DSO 的幅值和时基分别设置为动力总线：幅值 0.5 V/ 格，时基 2 μs/ 格；舒适和信息娱乐总线：幅值 2 V/ 格，时基 10 μs/ 格。

四、正常动力 CAN 总线信号

一定要亲手测量正常的 CAN 动力总线和舒适总线的波形，因为控制单元虽能诊断出 CAN 故障，但具体产生原因和具体故障位置查找要靠波形分析。如边找故障点边看波形是否有反应，有反应的点很可能就是故障点。

其中，正常动力 CAN 总线信号如图 3-28 所示。

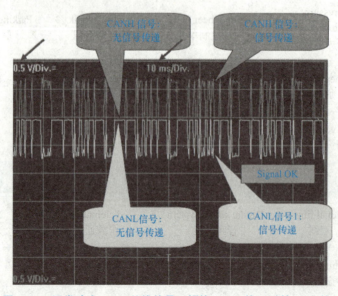

图 3-28　正常动力 CAN 总线信号（幅值 0.5 V/ 格，时基 2 μs/ 格）

发送数据时 CANH 和 CANL 全为 2.5 V，CANH 增加 1V 电压为 3.5 V，CANL 下降

1 V 电压为 1.5 V。CANH 和 CANL 两线电压差值＞ 2.3 V = result bit value 0 = dominant（显性），差值＜ 2.3 V = result bit value 1 = recessive（隐性）。

CANH 和 CANL 差值：CANH 可能出现 3.8 V，CANL 可能出现 1.1 V，差值为 2.7 V ＞ 2.3 V，为 0。CANH 可能出现 2.6 V，CANL 可能出现 2.4 V，差值为 0.2 V ＜ 2.3 V，为 1。

五、正常舒适、信息娱乐 CAN 信号

其中，正常舒适、信息娱乐 CAN 信号如图 3-29 所示。

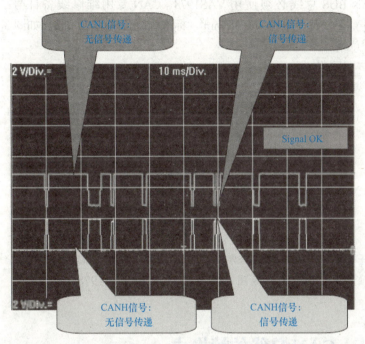

图 3-29　舒适、信息娱乐 CAN 信号（幅值 2 V/ 格，时基 10 μs/ 格）

有信号传递时 CANH 信号电压增加，在自身电压 0 V 的基础上加 4 V 的范围之内；有信号传递时 CANL 信号电压减小，在自身电压 5 V 的基础上减 4 V 的范围之内。

CANH 和 CANL 差值：CANH 和 CANL 两线电压差值＞ 2.2 V=result bit value 0 =dominant（显性），差值＜ 2.2 V=result bit value 1=recessive（隐性）。

六、传输距离

在 CAN 总线中，以报文为单位进行信息传递且各节点使用相同的位速率。CAN 总线上任意两个节点之间的最大通信距离与位速率有关，表 3-6 列出了相关的数据。这里的最大通信距离指的是同一总线上两节点之间的距离。将 CAN 总线速度提高对控制微控制器的 CAN 时钟寄存器进行设定即可，但过长的传输距离影响可靠性。

表 3-6 CAN 总线任意两个节点之间的最大通信距离

位速率 /(kb·s^{-1})	1 000	500	250	125	100	50	20	10	5
最大距离 /m	40	130	270	530	620	1 300	3 300	6 700	10 000

七、CAN 总线的维修

维修 CAN BUS 总线必须使用 VAS1978，CAN 专用维修线备件号：000979987，10 m 长绿/黄、白/黄，线径为 0.35 mm^2，标准缠绕长度为 20 mm。如图 3-30 所示为维修 CAN BUS 总线。

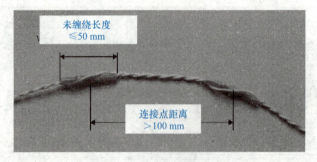

图 3-30 维修 CAN BUS 总线

【完成任务】取一段双绞线给学生实习，教师检查学生们维修的双绞线是否合格。在线束接头维修中要用到大众专用工具 VAS1978 和 VAS1978/35。

第八节 CAN 总线的帧格式

一、CAN 协议

CAN 协议的 2.0A 版本规定 CAN 控制器必须有一个 11 位的标识符。同时，在 2.0B 版本中规定，CAN 控制器的标识符长度可以是 11 位或 29 位。遵循 CAN2.0B 协议的 CAN 控制器可以发送和接收 11 位标识符的标准格式报文或 29 位标识符的扩展格式报文。如果禁止 CAN2.0B，则 CAN 控制器只能发送和接收 11 位标识符的标准格式报文，而忽略扩展格式的报文结构，但不会出现错误。

二、帧的种类

通信是通过数据帧、遥控帧、错误帧、过载帧和帧间隔 5 种类型的帧进行的。另外，数据帧和遥控帧有标准格式和扩展格式两种。标准格式有 11 位的标识符（Identifier，以下简称 ID）；扩展格式有 29 位的 ID。各种帧的用途见表 3-7。本章仅介绍数据帧的数据结构，其他帧可参考书后附录的 CAN 协议。

表 3-7 帧的种类及用途

种类	用途
数据帧	用于发送单元向接收单元传送数据的帧
遥控帧	用于接收单元向具有相同 ID 的发送单元请求数据的帧
错误帧	用于当检测出错误时向其他单元通知错误的帧
过载帧	用于接收单元通知其尚未做好接收准备的帧
帧间隔	用于将数据帧及前面的帧分离开来的帧

三、数据帧的构成

数据帧由 7 个段构成，如图 3-31 所示。CAN2.0A 传递的信息最大长度为 108 bit，所传递的每个完整信息由 7 个域构成，CAN2.0B 传递的状态域增加了 18 位，所以，信息最大长度为 126 bit。

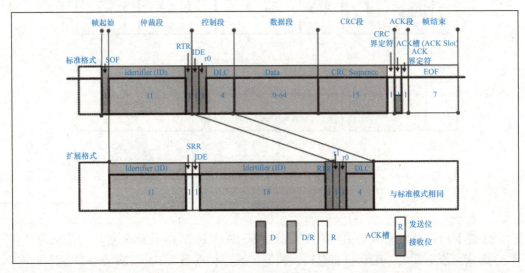

图 3-31 数据帧的构成

（1）帧起始。表示数据帧开始的段。
（2）仲裁段。表示该帧优先级的段。
（3）控制段。表示数据的字节数及保留位的段。
（4）数据段。表示数据的内容，可发送 0～8 字节的数据。
（5）CRC 段。表示检查帧的传输错误的段。

（6）ACK 段。表示确认正常接收的段。

（7）帧结束。表示数据帧结束的段。

四、数据帧的信息结构

1. 帧起始

帧起始是将要向 CAN BUS 发送信息的标志。大小为一位，状态为显性（数据 0）。

【说明】总线上的电平有显性电平和隐性电平两种。总线上执行逻辑上的线"与"时，显性电平的逻辑值为"0"，隐性电平的逻辑值为"1"。"显性"具有"优先"的意味，只要有一个单元输出显性电平，总线上即为显性电平。并且，"隐性"具有"包容"的意味，只有所有的单元都输出隐性电平，总线上才为隐性电平（显性电平比隐性电平更强）。

2. 仲裁段

仲裁段表示数据的优先级的段（图 3-32）。标准格式和扩展格式在此段的构成有所不同。其包括信息标识符（CAN2.0A 为 11 位或 CAN2.0B 为 29 位），确定信息的优先权。

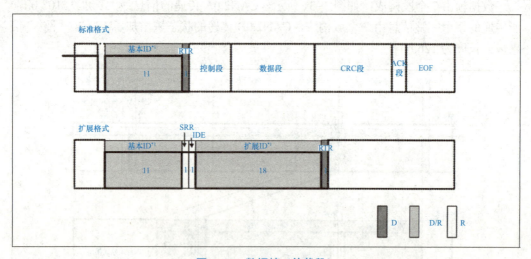

图 3-32　数据帧（仲裁段）

【注】*1：标准格式的 ID 有 11 个位。从 ID28 到 ID18 被依次发送。禁止高 7 位都为隐性（禁止设定：ID = 1111111××××）。扩展格式 ID 有 29 个位。基本 ID 从 ID28 到 ID18，扩展 ID 由 ID17 到 ID0 表示。基本 ID 和标准格式的 ID 相同。禁止高 7 位都为隐性（禁止设定：ID = 1111111××××）。

3. 控制段（检查段）

控制段由 6 个位构成（图 3-33），表示数据段的字节数。标准格式和扩展格式的构成有所不同。

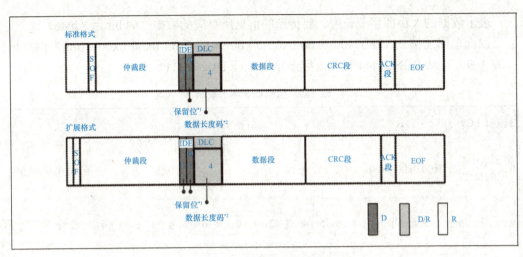

图 3-33 数据帧（控制段）

【注】*1：保留位必须全部以显性电平发送。但接收方可以接收显性、隐性及其任意组合的电平。

*2：数据长度码与数据的字节数的对应关系见表 3-8。

数据的字节数必须为 0～8 字节。但接收方对 DLC=9～15 的情况并不视为错误。

表 3-8 数据长度码和字节数的关系

数据字节数	数据长度码			
	DLC3	DLC2	DLC1	DLC0
0	D	D	D	D
1	D	D	D	R
2	D	D	R	D
3	D	D	R	R
4	D	R	D	D
5	D	R	D	R
6	D	R	R	D
7	D	R	R	R
8	R	D	D	D

注："D" 为显性电平；"R" 为隐性电平。

表示数据的大小即字节长度，要传递的信息所对应的数据（64 bit = 8 byte）。

以汽车回复帧 0x18F00400 0x00 0x00 0 x00 0x12 0x34 0x00 0x00 0x00 为例解析（表3-9）：从 PGN61444 可知 8 字节全用，即 DLC = 111。

表3-9 数据场 8 字节解析

3位（DLC）			8字节长度																	
数据场中数据的长度			0x00 0x00 0x00	0x12							0x34								0x00 0x00 0x00		
28	27	26	3个字节	7	6	5	4	3	2	1	0	7	6	5	4	3	2	1	0	3个字节
1	1	1	24个0	0	0	0	1	0	0	1	0	0	0	1	1	0	1	0	0	24个0

4. 数据段（标准/扩展格式相同）

数据段可包含 0～8 个字节的数据（图 3-34）。从 MSB（最高位）开始输出。

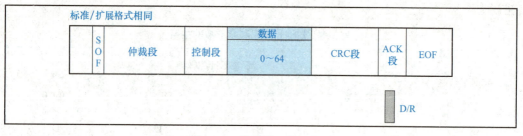

图 3-34 数据帧（数据段）

5. CRC 段（标准/扩展格式相同）

CRC 段用以检查传输错误的帧。由 15 个位的 CRC 顺序[*1] 和 1 个位的 CRC 界定符（用于分隔的位）构成（图 3-35）。

图 3-35 数据帧（CRC 段）

【注】*1：CRC 顺序是根据多项式生成的 CRC 值，CRC 值的计算范围包括帧起始、仲裁段、控制段、数据段。接收方以同样的算法计算 CRC 值并进行比较，不一致

时会通报错误。

【CRC 校验原理】CRC 的全称为 Cyclic Redundancy Check，中文名称为循环冗余校验。利用 CRC 进行检错的过程可简单描述为：在发送端根据要传送的 k 位二进制码序列，以一定的规则产生一个校验用的 r 位监督码（CRC 码），附在原始信息后边，构成一个新的二进制码序列数共 k + r 位，然后发送出去。在接收端，根据 k 位的信息码和 r 位的 CRC 码之间所遵循的规则进行校验，以确定传输中是否出错。

6. ACK 段

ACK 段用来确认是否正常接收。由 ACK 槽（ACK Slot）和 ACK 界定符两个位构成（图 3-36）。

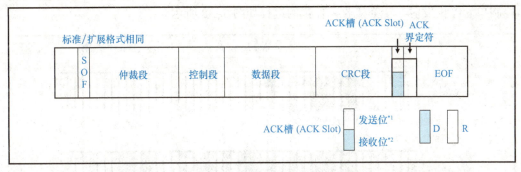

图 3-36 数据帧（ACK 段）

【注】*1：发送单元的 ACK 段，发送单元在 ACK 段发送 2 个隐性位（1）。

*2：接收单元的 ACK 段，接收到正确消息的单元在 ACK 槽（ACK Slot）发送显性位（0），通知发送单元正常接收结束，称作发送 ACK 或返回 ACK。

发送 ACK 的是在既不处于总线关闭状态也不处于休眠状态的所有接收单元中，接收到正常消息的单元（发送单元不发送 ACK）。所谓正常消息是指不含填充错误、格式错误、CRC 错误的消息。

7. 帧结束

通过 7 个隐性位，即二进制 1111111 显示（图 3-37），表示该信息数据传递结束，这里是显示错误并重新发送数据的最后一次机会。

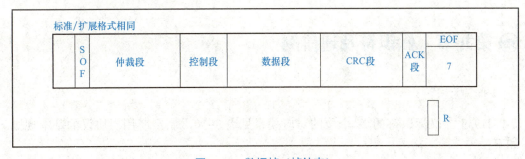

图 3-37 数据帧（帧结束）

五、优先权判定方法

CAN 采用非破坏总线仲裁技术。当多个节点同时向总线发送信息出现冲突时,优先级低的节点会主动退出发送,而最高优先级的节点可不受影响地继续传输数据,从而大大节省了总线冲突仲裁时间。即使是在网络负载很大的情况下,也不会出现网络瘫痪的情况。

在总线空闲状态,最先开始发送消息的单元获得发送权。当多个单元同时开始发送时,从起始帧开始,各发送单元将代表自己的优先级的数据从仲裁段的第一位开始发送,由总线硬件进行自动仲裁。为了能让不同控制单元的数据帧在硬件中自动仲裁,在定义优先权时优先级高的后边 0 多,优先级低的前边 0 多。显性电位 0 越多,说明其优先权级别越高。发射隐性电位的控制单元,若检测到一个显性电压,那么该控制单元停止发射,转为接收,仲裁的过程如图 3-38 所示。

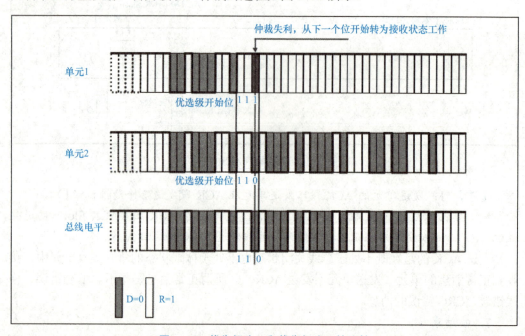

图 3-38 优先级为 3 和优先级为 7 的比较

第九节 标识符及通信例

一、标识符

J1939 协议标识符的 29 个位的对应关系见表 3-10,制定应用层协议的基本规则如下:

表 3-10 标识符

开始位	标识符（Identifier，ID）																													
	Priority，P（优先级）			保留位	数据页	Protocol Data Unit Specific，PS（协议数据单元特定域）									Protocol Data Unit Format，PF（协议数据单元格式）								Source Address，SA（源地址）							
开始位	28	27	26	25	24	23	22	21	20	19	18	17	16	15	14	13	12	11	10	9	8	7	6	5	4	3	2	1	0

（1）源地址（Source Address，SA）。网络中一个设备对应唯一的一个 SA，在选择节点地址时按照节点的重要性来排序，重要性越强的节点地址越小。如果 J1939 协议已有定义，则尽量使用 J1939 协议已经定义的地址；具有多个功能的 ECU，可以使用多个地址，也可以重复定义新的地址，新地址定义使用 208～231，为公路用车的预留地址。

（2）优先级（Priority，P）。优先级共有 8 级，最高级 0 和最低级 7，报文优先级可以设置，所有从控制源发出的报文缺省优先级为 3，所有信息的、专用的、请求和应答报文的缺省优先级为 6，根据报文的实时性要求可适当修改优先级；电动汽车的新增加报文中，产品序列信息将使用最低优先级 7。

（3）参数组定义及编码。对各 ECU 节点的参数组定义时，尽量将相同功能的参数、相同或相近刷新率的参数及属于同一个子系统内的参数放在同一个参数组中，这样可以减少报文的数量，降低总线负载。新的参数组既要充分利用 8 字节的数据宽度，尽量将相关的参数放在同一组内，又要考虑扩展性，预留一部分字节或位，以便将来进行修改。

参数组编码（Parameter Group Number，PGN）按照参数组的重要程度来分配，PGN 号由协议数据单元格式（Protocol Data Unit Format，PF）和协议数据单元特定域（Protocol Data Unit Specific，PS）两个因素来共同决定。按照传输方式（广播或者一对一传输）的不同可以分配不同的 PGN 号。

1）PDU 格式（PF）：协议数据单元格式是一个 8 位场，它定义了协议数据格式，也是决定参数组号分配给数据场的场之一。

2）PDU 特性（PS）：是一个 8 位场，根据协议数据单元格式定义，本场可能是目标地址或扩展值。如果协议数据单元格式场的值低于 240，那么协议数据单元特定域是目标地址；如果协议数据单元格式场的值为 240～255，那么协议数据单元特定域包括一个组扩展值。

二、通信例

例如，诊断仪向车辆发动机申请将发动机转速数发送到诊断仪的转速请求帧：

0x 18EA 00F9 0x04 0xF0 0x00 0x00 0x00 0x00 0x00 0x00（29位ID＋8字节数据），解析见表3-11。

表3-11 诊断仪的转速请求帧

开始位	标识符（Identifier，ID）					
	Priority，P（优先级）	保留位	数据页	Protocol Data Unit Specific，PS（协议数据单元特定域）	Protocol Data Unit Format，PF（协议数据单元格式）	Source Address，SA（源地址）
	28 27 26	25	24	23 22 21 20 19 18 17 16	15 14 13 12 11 10 9 8	7 6 5 4 3 2 1 0
0	1 1 0	0	0	1 1 1 0 1 0 1 0	0 0 0 0 0 0 0 0	1 1 1 1 1 0 0 1
	优先级 3			参数组编码（Parameter Group Number，PGN）		诊断仪（地址 F9）
	18（HEX）			EA00（HEX）		F9（HEX）

```
Parameter Group Name:        Request
Definition:                  Used to request a Parameter Group from a network device or
                             devices,
Transmission repetition rate: Per user requirements, generally recommended that requests
                             occur no more than 2 or 3 times per second,
Data length:                 3 bytes (The CAN frame for this PG shall set the DLC to 3.)
Data page:                   0
PDU Format                   234
PDU specific field:          Destination Address (global or specific)
Default priority:            6
Parameter Group Number:      59904 (00 EA00 18)
Byte: 1,2,3                  Parameter Group Number being requested
                             (see Section 5.1.2 for field definition and byte order)
```

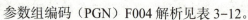

SAEJ1939-71 定义的参数组名称

SAEJ1939 是使用的 29 位 CAN ID，十六进制 18 是优先级；EA00 在 SAEJ1939-21 中有专门解释。EA00 用于从一个或多个网络设备请求参数组，即这个是发送请求命令的专用 PGN（参数组）。最后是 F9，它代表的是源地址，即该请求设备的地址，含义为车外诊断服务工具的地址。0x04 0xF0 组合到一起就是 F004（CAN 报文里面最前面的为低字节）。

参数组编码（PGN）F004 解析见表 3-12。

表 3-12　参数组编码（PGN）F004 解析

开始位	标识符（Identifier，ID）					
	Priority，P（优先级）	保留位	数据页	Protocol Data Unit Specific，PS（协议数据单元特定域）	Protocol Data Unit Format，PF（协议数据单元格式）	Source Address，SA（源地址）
	28 27 26	25	24	23 22 21 20 19 18 17 16	15 14 13 12 11 10 9 8	7 6 5 4 3 2 1 0
0	1 1 0	0	0	1 1 1 1 0 0 0 0	0 0 0 0 0 1 0 0	0 0 0 0 0 0 0 0
	优先级 3			参数组编码（Parameter Group Number，PGN）		发动机（地址 00）
	18（HEX）			F004（HEX）		00（HEX）

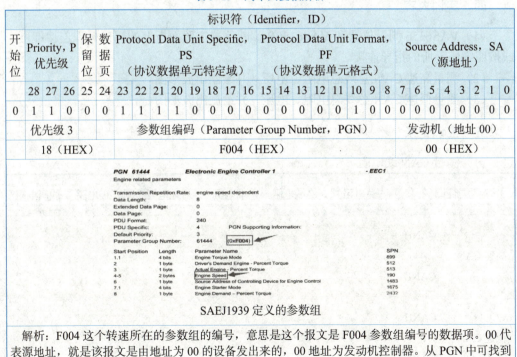

SAEJ1939-71 定义的参数组名称

汽车回复帧 0x18F0 0400 0x00 0x00 0x00 0x12 0x34 0x00 0x00 0x00 解析见表 3-13。

表 3-13　汽车回复帧解析

开始位	标识符（Identifier，ID）					
	Priority，P 优先级	保留位	数据页	Protocol Data Unit Specific，PS（协议数据单元特定域）	Protocol Data Unit Format，PF（协议数据单元格式）	Source Address，SA（源地址）
	28 27 26	25	24	23 22 21 20 19 18 17 16	15 14 13 12 11 10 9 8	7 6 5 4 3 2 1 0
0	1 1 0	0	0	1 1 1 1 0 0 0 0	0 0 0 0 0 1 0 0	0 0 0 0 0 0 0 0
	优先级 3			参数组编码（Parameter Group Number，PGN）		发动机（地址 00）
	18（HEX）			F004（HEX）		00（HEX）

SAEJ1939 定义的参数组

解析：F004 这个转速所在的参数组的编号，意思是这个报文是 F004 参数组编号的数据项。00 代表源地址，就是该报文是由地址为 00 的设备发出来的，00 地址为发动机控制器。从 PGN 中可找到 SPN 为 190

第十节 汽车 CAN 总线实训指导书

一、实训目的

学会使用大众的专用测量仪器 VAS6356 和诊断仪器 VAS6150B 进行 CAN 总线波形的测量和分析。

二、实训工具

(1) VAS6356 测量仪器。
(2) VAS6150B 诊断仪器。
(3) 诊断线束 1594D。
(4) 大众迈腾 B7 车一辆（配有高速和低速总线）。
(5) 维修工具车一辆（含有常用工具）。

三、技术资料

(1) 大众 TEIS 维修手册。
(2) 实习、实训指导书。
(3) 相关教学视频与软件资料。

四、实训内容

(1) VAS6356 测量仪器和 VAS6150B 诊断仪器按照面板上的端口标识连接即可，或按照维修手册的指导连接。
(2) 测量高速 CAN 总线总电阻、电压，并绘制出波形图。
(3) 测量低速 CAN 总线总电阻、电压，并绘制出波形图。

五、实训记录

(1) 测量 CAN 线电阻。

项目		总电阻	终端电阻	端电阻	对地电阻	对正极电阻	线间电阻
高速 CAN	CANH						
	CANL						
低速 CAN	CANH						
	CANL						

（2）测量 CAN 线电压及波形。

项目		对地电压	示波时基	示波幅值
高速 CAN	CANH			
	CANL			
低速 CAN	CANH			
	CANL			

（3）绘制出波形图。

1）绘制低速 CAN 波形图。

2）绘制高速 CAN 波形图。

六、实训时间

90 min。

七、实操评价

实操评价见表 3-14。

表 3-14　实操评价

序号	评价项目	考核内容	配分	评价标准	得分
1	资料查询	工艺、资料的获取	10 分	正确地按照实操车型选取技术文件资料	
2	实操准备	常、专用工具的准备	5 分	正确地准备实操所需的常用与专用工具	
		各检测设备连接	20 分	根据各检测设备功能，按照诊断仪提示的连接方法正确地连接各检测设备	
3	实操	电阻、电压测量	20 分	识读电路图，正确地测量 CAN 线电阻、电压	
		波形测量	30 分	会使用诊断工具读取 CAN 线的电压	
4	5S 与安全	5S	10 分	能保持实操现场的整洁、对工具与设备的整理	
		安全	5 分	车辆安全	
5	分数				

第四章
Flexray 总线

第一节 Flexray 总线概述

一、Flexray 产生及发展

随着汽车中增强安全和舒适体验的功能越来越多，用于实现这些功能的传感器、传输装置、电子控制单元（ECU）的数量也在持续上升。如今，高端汽车有 100 多个 ECU，如果不采用新架构，该数字可能还会增长。ECU 操作和众多车用总线之间的协调配合日益复杂，严重阻碍线控技术（X-by-Wire，即利用质量轻、效率高、更简单且具有容错功能的电气/电子系统取代笨重的机械/液压部分）的发展。即使可以解决复杂性问题，传统的车用总线也缺乏线控所必需的确定性和容错功能。例如，与安全有关的信息传递要求绝对的实时，这类高优先级的信息必须在指定的时间内传输到位，如刹车，从刹车踏板踩下到刹车起作用的信息要求立即正确地传输，不允许有任何不确定因素。同时，汽车网络中不断增加的通信总线传输数据量，要求通信总线有较高的带宽和数据传输率。目前广泛应用的车载总线技术 CAN、LIN 等由于缺少同步性、确定性及容错性等并不能满足未来汽车应用的要求。

宝马和戴姆勒克莱斯勒很早就意识到，传统的解决方案并不能满足汽车行业未来的需要，更不能满足汽车线控系统（X-by-Wire）的要求。于是在 2000 年 9 月，宝马和戴姆勒克莱斯勒联合飞利浦与摩托罗拉成立了 Flexray 联盟。该联盟致力于推广 Flexray 通信系统在全球的应用，使其成为高级动力总成、底盘、线控系统的标准协议。其具体任务为定义 Flexray 需求、开发 Flexray 协议、定义数据链路层、提供支持 Flexray 的控制器、开发 Flexray 物理层规范并确定基础解决方案。

二、Flexray 基本原理

Flexray 符合 TDMA（Time Division Multiple Access）的原则，部件和信息都被分配了确定的时间槽，在这期间它们是唯一可以访问总线的。时间槽是经固定的周期而重复的。信息在总线上的时间是可以完全预测出来的，因而，对总线的访问是确定性

的。但是，通过为部件和信息分配时间槽的方法来固定分配总线带宽，其不利因素是导致总线的带宽没有被完全利用。出于解决总线带宽没有被完全利用的问题的考虑，Flexray 将周期分成静态段和动态段，确定的时间槽适用于位于信息开始的静态段。

在动态段，时间槽是动态分配的。每种情况下都只有一小段时间允许唯一的总线访问（这段时间称为微时隙），如果在微时隙中出现了总线访问，时间槽就会按照需要的时间来扩展。因此，总线带宽是动态可变的。

为了实现功能的同步和通过两条信息之间的短距离来优化带宽，该通信网络中的分布组件都要有一个共同的时基，即全局时钟，为了时钟同步，同步信息是在周期的静态段开始传输的。通过增添一个特殊的算法，部件的本地时钟被修正为所有的本地时钟都与全局时钟同步。

三、Flexray 特点

Flexray 提供了传统车内通信协议不具备的大量特性，包括以下几项：

（1）高传输速率：Flexray 的每个通道具有 10 Mb/s 带宽。由于它不仅可以像 CAN 和 LIN 网络那样的单通道系统一样运行，还可以作为一个双通道系统运行，因此，其可以达到 20 Mb/s 的最大传输速率，是当前 CAN 最高运行速率的 20 倍。

（2）同步时基：Flexray 中使用的访问方法是基于同步时基的。该时基通过协议自动建立和同步，并提供给用户应用。时基的精确度为 0.5～10 μs（通常为 1～2 μs）。

（3）确定性：通信是在不断循环的周期中进行的，特定消息在通信周期中拥有固定位置，因此，接收器已经提前知道了消息到达的时间。到达时间的临时偏差幅度会非常小，并能得到保证。

（4）高容错：强大的错误检测性能和容错功能是 Flexray 设计时考虑的重要方面。Flexray 总线使用 CRC 来检验通信中的差错。Flexray 总线通过双通道通信，能够提供冗余功能，并且使用星形拓扑可以完全解决容错问题。

（5）灵活性：在 Flexray 协议的开发过程中，关注的主要问题是灵活性，反映在以下几个方面：

1）支持多种方式的网络拓扑结构；
2）消息长度可配置：可根据实际控制应用需求，为其设定相应的数据载荷长度；
3）使用双通道拓扑时，既可用以增加带宽，也可用于传输冗余的消息；
4）周期内静态、动态消息传输部分的时间都可随具体应用而定。

四、Flexray 与 CAN 的区别

1. 波特率

CAN 总线速率最高为 1 Mb/s；Flexray 总线速率最高为 10 Mb/s，也可以在 2.5 Mb/s 或 5 Mb/s 的低速率下工作。

2. 一个节点的通道数量

CAN 只有 1 个通道（一条双绞线）；Flexray 为 2 个通道（两条双绞线）或 1 个通道（一条双绞线），实际上 1 个通道现在就够用，优选 1 个通道。

3. 网络技术

CAN 为被动型，若控制单元有故障，将影响其他单元运行；Flexray 为主动型，故障控制单元发现故障主动退出，不再上线，不影响其他单元运行。

4. 最多节点

CAN 总线型为星形，在 500 kb/s 最多为 16 个节点；Flexray 总线型为两个节点，而采用星形或混合型最多可为 64 个节点。

5. 物理层

CAN 仅能为金属双绞线；Flexray 则可以为金属双绞线或 POF（光导纤维）。

6. 通信

CAN 为事件触发，只有需要时才访问总线。访问所需时间与是否满载有关；到达时间不知；所用的网络可能过载。Flexray 为时间触发加上事件触发。访问网络的时刻是固定好的；每次访问网络的时间也是固定好的。到达时间已知；备有带宽，无须用到。具备的冗余通信能力可实现通过硬件完全复制网络配置，并进行进度监测。

7. ID 位

CAN 标识符为 11 位或 29 位；Flexray 则为 11 位。

8. 数据长度数（DLC）

CAN 最多为 8 字节，数据来自同一个控制单元；Flexray 为 256 字节，数据来自不同的控制单元。

9. 帧比较

CAN 有数据帧、远程帧、错误帧、过载帧；网络故障可通过错误帧识别出来。Flexray 只有数据帧；每个接收器自行检查收到的帧是否正确（如 CRC 检查），但是有些帧是有缺陷的，这是它的不足之处。

10. 网络管理

CAN 为软件管理；Flexray 为通过 BG 总线监控器、BD 总线驱动器硬件管理。

11. 网络同步

CAN 只有同步段；Flexray 可以进行速度和偏移量补偿。

12. 允许传输距离

CAN 在 1 Mb/s 时为 40 m；Flexray 在一个星形或两个星形之间为 22 m。

13. 仲裁判优

CAN 优先级高的信息会将优先级低的信息"覆盖"；Flexray 没有仲裁，若两个控制单元同时发送将造成通信故障，但这种情况只有存在故障时才会出现。

14. 在确认方面

CAN 接收器要确认接收到一个有效的帧；而 Flexray 无确认，接收器接收不到帧是否正确的信息。

15. 两线名称

CAN 总线中称两线为 CANH 和 CANL；Flexray 数据传输线双绞线为 BP = BUS PLUS 为总线正，BM = BUS MINUS 为总线负。

Flexray 技术依赖于各个控制单元时钟同步。LIN、CAN 都有同步帧，同步帧以后的时间认为是同步的，但实际数据过长，在传输速率高时，很难同步。时钟同步后的中间修正技术问题的解决才能使 Flexray 技术实现。另外，普遍采用 Flexray 技术也有 OEM（主机供件厂）的成本问题。

第二节　Flexray 端口工作原理

一、Flexray 芯片端口

1. Flexray 芯片外围电路

图 4-1 所示为单通道 Flexray 芯片 NCV7381 在汽车电脑板上的电路原理图。NCV7381 是一种单通道双绞线总线驱动器，遵从 Flexray 电气物理层规范 Rev.3.01，能够以高达 10 Mb/s 的速度进行通信。Flexray 提供差分发射和差分接收能力，各控制单元通过双绞线、收发器、协议控制器与 MCU 进行通信。NCV7381 对模式控制功能进行了优化，芯片连接到汽车电池负极，因此具有良好的 EMC 和 ESD 性能。

Flexray 芯片 NCV7381 在汽车电脑板上的外围电路

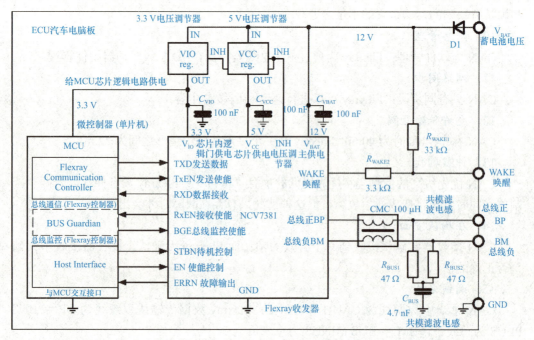

图 4-1　单通道 Flexray 芯片 NCV7381 在汽车电脑板上的外围电路

2. Flexray 芯片功能

（1）总线驱动器电压调整控制。此功能的实现是经内部的电源监控进行电压测量后，对 INH 输出进行调整，从而控制外部电压调节器输出精确的 5.0 V，使芯片的供电电压稳定可靠。

（2）总线驱动程序 - 总线监控接口。总线监控接口通过接收数据能识别总线电压是否正确。不正确时确定故障，正确时确定接收数据。

（3）总线驱动程序逻辑电平自适应。此功能的实现是经内部的电源监控进行电压测量后，对 INH 输出进行调整，从而控制外部电压调节器输出精确的 3.3 V，使逻辑芯片的供电电压稳定可靠。

（4）总线驱动器远程唤醒。总线唤醒检测是数据检测，外部总线上的各个节点，其中有一个发送指定唤醒数据，而其他控制单元收到唤醒数据后实现外部唤醒。

3. 内部工作原理

NCV7381 可以在几种工作模式之间切换，如图 4-2 所示。其内部工作原理可通过 STBN 和 EN 引脚对工作模式的控制图来说明。

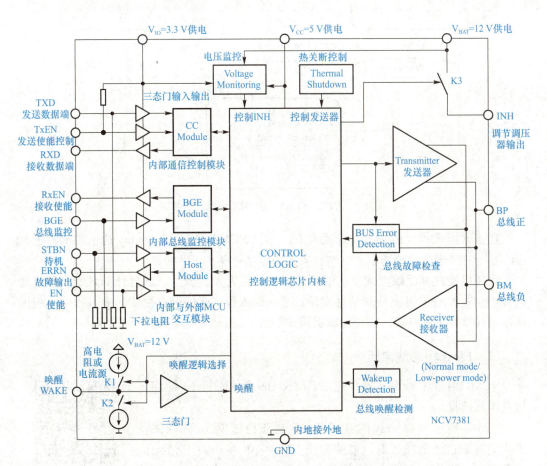

图 4-2　Flexray 芯片 NCV7381 内部电路原理图

待机模式、睡眠模式和过渡睡眠模式 3 种模式为低功率模式。工作模式的选择是由 STBN、EN、电源电压的供电状态及唤醒的检测状态 4 种信号决定的。只要 V_{BAT}、V_{CCT} 和 V_{IO} 供电正常，模式选择通过 MCU 对芯片的 EN 和 STBN 引脚进行逻辑控制（图 4-3）。

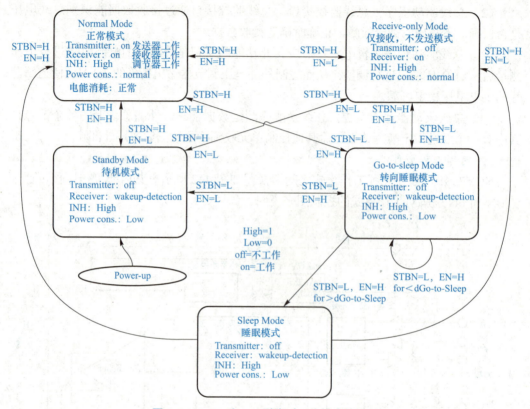

图 4-3　STBN 和 EN 引脚对工作模式的控制

在正常模式和仅接收不发送模式下，芯片 NCV7381 内部 Flexray 通信控制器通过接收器与总线进行全速通信。这两种模式用电功耗都是正常的。

在待机模式和睡眠模式下，通信停止，功耗大大减少了。通过外部总线唤醒或通过 MCU 向 WAKE 发出唤醒信号实现。进入睡眠模式是一种在模式转变过程中也能保证正确转换数据的模式，功耗为睡眠模式等级。

二、Flexray 总线电压

NCV7381 的总线驱动器，在 EN 和 STBN 两端子置 1 时为正常发送和接收。

图 4-4 所示为 Flexray 的波形图。当处于待机模式、睡眠模式或向睡眠过渡的模式时，总线电压 BM = BP = 0 V；当处于正常模式，若总线空闲时，电压 BM = BP = 2.5 V。

通道上有数据 0 时，电压脉冲为 BM = 3.0 V，BP = 2.0 V；

总线空闲传输数据 0
传输数据 1 时的电压脉冲

通道上有数据 1 时，电压脉冲为 BM = 2.0 V，BP = 3.0 V。

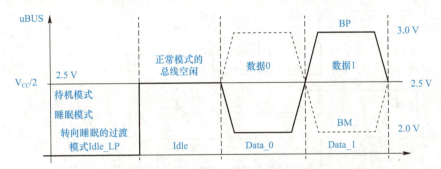

图 4-4　总线空闲、传输数据 0、传输数据 1 时的电压脉冲

下面以收发器芯片 NCV7381 为例来说明电压和数据的关系。

1. 正常模式空闲状态（Idle）

如图 4-5 所示，当所有网段内的各节点都处于待机状态（Idle）时，总线电压 BP = 2.5 V 和 BM = 2.5 V。

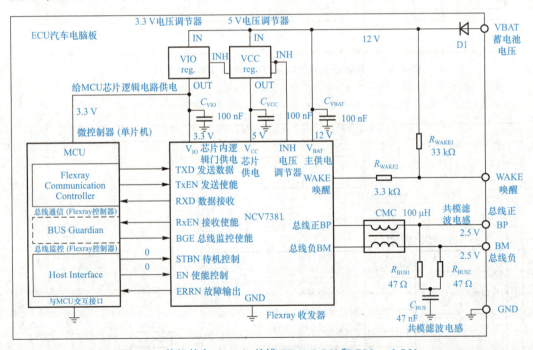

图 4-5　待机状态（Idle）总线 BP = 2.5 V 和 BM = 2.5 V

2. 发送数据 0

如图 4-6 所示，MCU 通过 TXD 发送数据 0，发送器驱动总线电压 BP = 2.0 V 和 BM = 3.0 V。

3. 发送数据 1

如图 4-7 所示，MCU 通过 TXD 发送数据 1，发送器驱动总线电压 BP = 3.0 V 和 BM = 2.0 V。

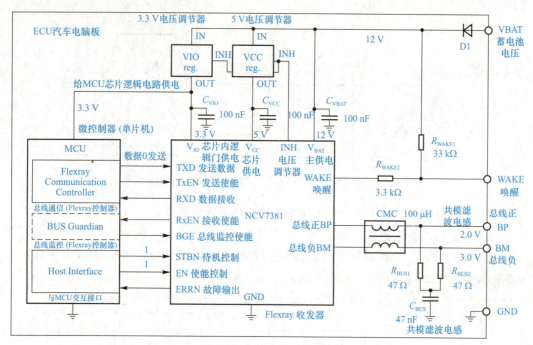

图 4-6　发送数据 0 时的电压脉冲 BP = 2.0 V 和 BM = 3.0 V

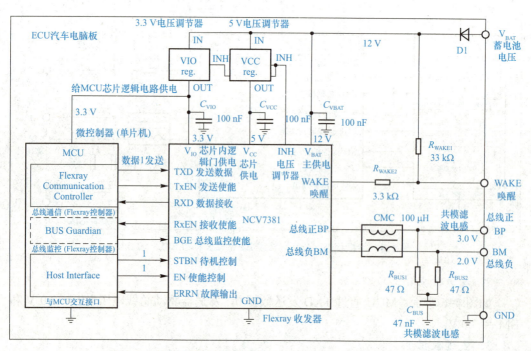

图 4-7　发送数据 1 时的电压脉冲 BP = 3.0 V 和 BM = 2.0 V

三、Flexray 工作原理

Flexray 的工作原理较复杂，这里以一个例子来说明 Flexray 的工作原理，具体工作原理将结合本章第六节以后网络拓扑、数据帧、时钟同步等内容来进行讲解。

在一个铁路交通发达的小镇里，共有 16 家工厂，其中 3 家工厂有可供列车站使用的标准钟表，每天用哪个工厂的标准钟表作为时钟基准得看哪块钟表在早上最先上电工作。其余 13 家只有一个可以和标准时钟对时的时钟。小镇上有一个最多可挂 256 节车厢的货车，货车为这 16 家工厂供货，每家工厂有 10 节车厢，且这些车厢就放在相对应的工厂里（这 16 家工厂完全占有了 160 节车厢），如第一家工厂占有前 10 节，依次类推，每家工厂都知道自己是哪 10 节车厢。每一家运送固定的不同 16 种货物，每种货物占用一节车厢，每次装车时，不同节车厢总是对应其规定好的货物，以便下车时能准时和准位置卸货。当这 16 家工厂有 6 家想运输新种类的货物时，就得先向列车站预定，列车站也要将增加的挂车分配到相应的工厂里，例如，要这 6 家每家增加 10 节挂车车厢，列车站同时告诉挂车的排序。在这个例子中这里的 160 节车厢就为静态段，后面的 60 节车厢就为动态段，这样实际应用车厢为 220 节，还有 36 节车厢空余待用，它每次必须要拖带这 36 节空车厢。

列车站控制首先需要要求各家工厂和它具有相同显示的钟表，各家工厂对好钟表后，规定车厢的顺序是挨家将装好货物的车厢开到轨道上。这里第 1 家工厂将装好货物的 10 节车厢推到轨道上，在轨道上运行的时间是固定的。例如，用 10 min，货物全部送达，送达后这 10 节车厢要从轨道上消失。轨道暂时空闲 1 min，第 2 家再将 10 节车厢按顺序送于轨道上，再用 10 min，这列列车的第 2 个 10 节车厢消失，轨道再空闲 1 min。依次类推，直至挂车也消失。然后，列车站再次要求各家工厂和它对钟表，准备再次发送，这个对钟表的过程在这列火车全部发送完，轨道上再无车厢时以后的空闲时间完成。

在这 16 家工厂里，各家工厂都知道什么时间去卸货，也知道去哪个站台卸货，这是由于指定车厢装的东西是永远不变的。

在这个例子中，小镇是汽车，16 家工厂是汽车 Flexray 网络上的 16 个控制单元，货物是信息，车厢是控制单元的 Flexray 芯片内的存储器，车厢推上轨道的过程是改变总线脉冲电压高低的过程，卸货是接收端测量电压脉冲差的过程。

轨道上休息 1 min 称为时隙，前 10 家工厂之间的时隙称为静态时隙，后几家工厂的车厢发送的总时间称为动态段，因为不同家工厂分配的车厢数量不同，所以，动态段被分为一个个微时隙，两个微时隙间允许一家工厂发送。

从第一个控制单元至最后一个控制单元发送完成算是一个通信周期，准备完成下一个周期。Flexray 网络的通信周期为几个毫秒到十几个毫秒，不同车型是不同的，但运行时通信周期是恒定不变的，数据传输是基于一个周期性往复的流程。

四、Flexray 总线唤醒

Flexray 总线控制单元 30 号正常由点火开关 15 号线唤醒。唤醒后需要一定时间用于其他控制单元同步。在例子中，3 家有标准时钟的工厂就是 Flexray 总线网络中能同步的 3 个控制单元，其余 13 家是不能同步的控制单元。能同步的 3 个控制单元可以分别自己启动网络，其他 13 个控制单元是不能启动网络的。在汽车上启动网络的控制单元一般为网关、ESP、SGR 三个控制单元。13 个控制单元不能启动网络，但要在其中选出一个同步控制单元，一般用助力转向控制单元（LHI）做同步控制单元。

工作过程是在 3 个同步控制单元中，首先，最先上电快速工作的控制单元先启动网络；然后，其他两个控制单元尝试与启动网络的控制单元进行数据同步；最后，其他 13 个控制单元与启动网络的控制单元进行数据同步。

第三节 Flexray 总线电阻测量

一、网络总电阻原则

终端电阻是网络两端双绞线距离最远的两控制单元内的总线之间的端电阻，这两个控制单元的端电阻起主要作用。终端电阻一般分裂式设计成两个 47 Ω，串联为 94 Ω 左右。

两终端之间的控制单元内的总线之间端电阻在几 kΩ，对总线的总电阻起次要作用，这个控制单元称为高阻控制单元。

在一个以 Flexray 技术为主的传输网络中，通常两个终端控制单元中，其中一个是网关控制单元。

在图 4-8 中，控制单元 1、2、3、4 内部有与控制单元 1 相同的硬件结构，这里若将控制单元 1 作为网关，控制单元 1 网关的终端电阻 R_1 为 94 Ω，空间上距离网关控制单元 1 最远的控制单元 2 的终端电阻 R_2 也应为 94 Ω，因为总线电阻大小是有限的，即一个网段所有控制单元电阻

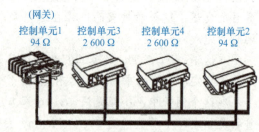

图 4-8 Flexray 总线电阻

并联为 47 Ω，两个终端电阻 94 Ω 并联，已经为 47 Ω，为了接入控制单元 3 和 4，控制单元 3 和 4 的终端电阻 R_3 和 R_4 就要大得多，分别为 2 600 Ω，以满足所有控制单元终端电阻并联为 47 Ω 的要求。

$$\frac{1}{R_1}+\frac{1}{R_2}+\frac{1}{R_3}+\frac{1}{R_4}=\frac{1}{R} \quad \text{（公式2）}$$

公式 2 中结果 R 可近似得 47 Ω。

又一个小问题和大问题:在4个控制单元中,分析为什么控制单元3和控制单元4的BP或BM线路断路,只出现小问题;而控制单元1和控制单元2的BP或BM线路断路则出现大问题。

二、网络总电阻测量

在进行Flexray总线网络总电阻测量时,应先根据网络拓扑图(图4-8)找到故障所属的网段,根据网络拓扑图确定是否有诊断总线。如果有诊断总线要断开网关测量各网段,这时要借助T形线测量工具。如果没有诊断总线,诊断口的总线直接(不经网关)连接到网络上时,可通过诊断口进行测量,即测量总线电阻有两处,要根据网络拓扑图选择。

【完成任务】请上网查找奥迪C7汽车网络资料,将图4-9奥迪C7的Flexray总线控制单元的名称进行填写。

J104:_____;J500:_____;J849:_____;J492:_____;
J197:_____;J428:_____;J850:_____;J851:_____。

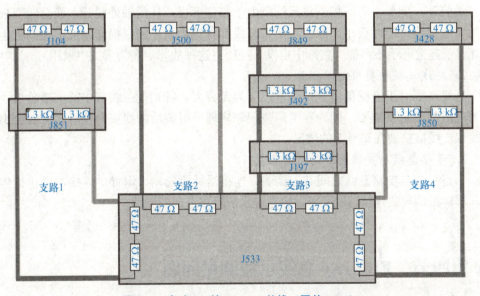

图4-9 奥迪C7的Flexray总线(网关J533)

操作时,先断开电源等待至少5 min,等车内控制单元内电容放电完毕,防止带电测量电阻,导致测量误差极大。如图4-10所示为Flexray网络终端电阻测量,大众汽车诊断总线经过网关,因此,根据网络拓扑图只能选拆开网关线束,接上测量T盒(在线束接头维修中要用到大众专用工具VAS1978和VAS1978/35),再测量网络的总电阻值,正常应为47 Ω左右,即使为45~55 Ω也仍算正常。

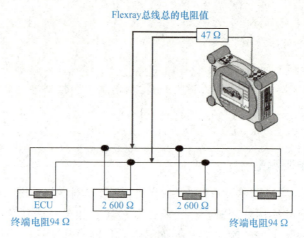

图 4-10 Flexray 网络总电阻测量

三、总线电阻测量

1. 网络总电阻测量

网络总电阻测量只能证明两个终端控制单元未从总线上脱开和总线两根线之间无短路。由于端电阻或终端电阻几乎不可能损坏，所以，总电阻不对可能是有控制单元从总线脱开，例如，车门控制单元线束由于归位不当，从门轴处脱开。而总线两根线之间实际短路可能性极小，原因是两条总线都有绝缘皮，同时损坏，加上在同一位置损坏且能连上几乎不可能（实际中也没人经历过这种故障，多为考试中采用）。

2. 总线正极和负极电阻测量

总线一根对正极或负极进行测量，应为无穷大。特别是总线其中的一根负极（车身）电阻的测量很重要。因为在工厂装配和修理厂拆装后的线束归位时，有时会出现总线双绞线被挤破在车身上的情况。

3. 干路总线与支路总线的断路测量

干路总线与支路总线之间有连接器，连接器针脚松动、退针，连接器锁止机构损坏，车辆振动导致连接器脱开等，也有进水的隔离造成的断路。

第四节　Flexray 总线示波测量问题

一、总线脉冲波

如图 4-11 所示，Flexray 数据传输线双绞线为 BP = BUS PLUS，译为总线正，BM = BUS MINUS，译为总线负。

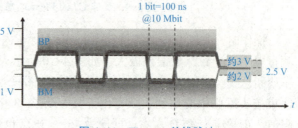

图 4-11　Flexray 总线脉冲

1. 空闲时

待机状态（Idle）时，总线电压 BP = 2.5 V 和 BM = 2.5 V。

2. 数据 1

发送数据 1，发送器驱动总线电压 BP = 3.0 V 和 BM = 2.0 V。

3. 数据 0

发送数据 0，发送器驱动总线电压 BP = 2.0 V 和 BM = 3.0 V。

二、Flexray 总线示波诊断中的问题

图 4-12 所示的 Flexray 总线波形，由于 Flexray 总线工作频率在 10 Mb/s（1 bit = 100 ns），目前厂家诊断仪提供的示波功能，远不能满足示波功能。所以，要用工业级示波器，如美国 FLUKE 的总线示波表，也可用电子示波器，相信未来厂家也一定会提供高速专用的示波器。

Flexray 总线波形

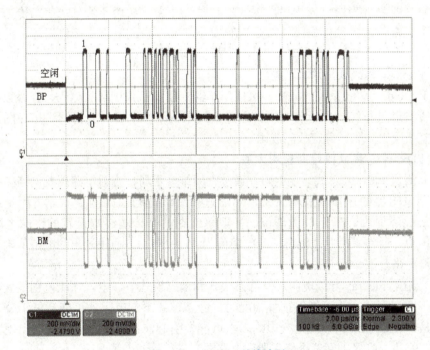

图 4-12　Flexray 总线波形

目前，要想对 Flexray 总线进行示波分析故障，其厂家配置的示波设备尚不能达到要求，但用电子界的通用示波器或示波表却能很好地显示。然而，Flexray 总线的数据太长，很难在一屏里完整地体现，实际显示也没有实用意义，但可像 CAN 线故障波形那样分析。所以，Flexray 总线示波可以完全参考 CAN 故障波形分析。

第五节 Flexray 总线故障诊断与检测

一、Flexray 总线的故障

1. Flexray 总线故障成因

（1）电源故障。如果汽车电源系统提供的工作电压低于 Flexray 总线节点（控制模块）的正常工作电压，节点（ECU/Node）可能会短暂地停止工作，从而造成整个车载网络系统暂时无法通信。此时，应首先排除汽车电源系统故障，然后检查 Flexray 总线的供电是否正常。

（2）总线链路故障。当汽车总线系统的通信线路出现故障（如双绞线互相短路、对电源短路、对地短路或总线断路）时，会引起总线链路上的控制模块无法正常工作。对于这类故障，可以借助示波器读取总线波形进行判断、排除。

（3）总线节点（控制模块）故障。控制模块故障一般包括软件故障和硬件故障两类。软件故障一般表现为协议或程序出现缺陷或发生冲突，从而导致总线信息传送出现混乱或无法正常传输；硬件故障一般是控制模块部件、集成电路及接口损坏。控制模块的软件故障一般扎堆出现且难以修复，而硬件故障则可以通过替换法进行排除。

2. Flexray 总线故障诊断思路

对于 Flexray 总线系统的故障，可使用车辆专用诊断仪读取故障码、查看数据流、读取总线波形进行综合分析和判断。通过查阅车辆维修手册、分析网络拓扑图及控制策略，梳理逻辑关联，确定故障成因。

3. Flexray 总线故障诊断检测方法

（1）测量 Flexray 总线终端电阻。通过查阅维修手册、查看电路图及网络拓扑图，摸清终端电阻器的连接及逻辑关系，然后进行终端电阻值的测量，分析测量结果，判断总线故障原因，确定故障部位。一般总线在两个传输终端设置的终端电阻值为 90～110 Ω，通常采用并联测量，其电阻值为 45～55 Ω。通过测出的电阻值判断总线断路点及短路范围。

（2）测量 Flexray 导线电阻。在静态模式和动态模式下，电气性能差别很大，当线路出现挤压变形或插头腐蚀等损坏情况时，静态模式下的电阻值可能会位于公差范围内。但是，在动态模式下，电气影响因素可能会引起波涌阻抗提高，从而出现数据传输问题。因此，应仔细阅读维修手册和电路图，进行针对性测量。

（3）测量 Flexray 总线工作电压。系统电压的测量可参照 CAN 总线进行。正常情况下 Flexray-H（BP＝BUS PLUS 总线正）的电压值在 2.6 V 左右，Flexray-L（BM＝BUS MINUS 总线负）的电压值在 2.4 V 左右。如果实测值为 0，说明对地短路；如果实测值为 12 V，说明对电源短路。如果某一条支路电压正常，并不能说明总线其他支路正常，还应该对所有支路的电压进行测量判断。

（4）测量 Flexray 总线波形。Flexray 系统波形测量时，需要专用的示波器。将实测波形与标准波形作比对，用以判断 Flexray 总线系统故障原因及故障点。如果某一条支路波形正常，并不能说明总线的其他支路正常，还应该对所有支路的波形进行测量分析。

4. Flexray 总线维修要求

Flexray 总线电缆损坏时可以进行修复，维修 Flexray 的线路时，需要注意尽可能保持总线双绞线的布置方式，剥掉绝缘层的维修部位不能简单连接，必须使用热缩管固定密封。如果总线传送介质进水，可能干扰波涌阻抗，从而影响总线系统的效率。

综上所述，Flexray 总线在线控操作（X-by-Wire）控制领域具有明显优势。随着车载电控单元、智能型传感器及执行元件的增加，对车载通信要求越来越高，Flexray 总线作为传输速率较高的新型总线，在不久的将来会得到广泛应用，是最有可能替代 CAN 总线并成为车载网络系统的主干总线。

二、Flexray 总线线束的维修

BP 线和 BM 线两线长度差不能相差超过 10 mm，否则将产生 BP 和 BM 的波形不完全对称，这种不对称是线中信号延迟造成的。修理时参考图 4-13 所示的 Flexray 电缆修理标准。

使用横截面面积为 0.35 mm^2 的双芯护套电缆 1 和 2 作为 Flexray 电缆。维修时，电缆两根芯的长度必须完全吻合。如果要绞合导线 1 和 2，则必须满足绞距 30 mm。如果导线未绞合，则线段不得大于 50 mm。剥除护套的电缆长度最长为 100 mm。维修位置须用适当措施排除环境影响。这里需要将 1 个带有压缩软管和内粘胶的卷边连接器放到未扭转的维修位置上，并将1根防水绝缘条缠绕在剥去外皮的导线上。

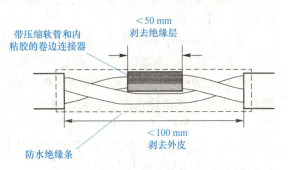

图 4-13　Flexray 电缆修理标准

【完成任务】取一段双绞线给学生实习，由教师检查学生们维修的双绞线是否合格。

第六节　Flexray 节点架构和拓扑

一、节点架构

ECU（Electronic Control Unit），即节点（Node），是接入车载网络中的独立完成相应功能的控制单元。其主要由电源供给系统（Power Supply）、主处理器（Host）、固化 Flexray 通信控制器（Communication Controller）、可选的总线监控器（BUS Guardian）和总线驱动器（BUS Driver）组成，如图 4-14 所示。主处理器提供和产生数据，并通过 Flexray 通信控制器传送出去。其中，BD 和 BG

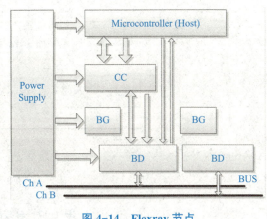

图 4-14　Flexray 节点

的个数对应于通道数，与通信控制器和微处理器相连。总线监控逻辑必须独立于其他的通信控制器。总线驱动器连接着通信控制器和总线，或是连接总线监控器和总线。

节点的两个通信过程如下：

（1）发送数据：Host 先将有效的数据送给 CC，在 CC 中进行编码，形成数据位流，再通过 BD 发送到相应的通道上。

（2）接收数据：在某一时刻，由 BD 访问栈将数据位流送到 CC 进行解码，再将数据部分由 CC 传送给 Host。

二、拓扑结构

Flexray 的拓扑结构主要可分为总线式（图 4-15）、星形（图 4-16）、总线星形混合型（图 4-17）三种。

通常，Flexray 节点可以支持两个信道，因而可以分为单信道和双信道两种系统。在双信道系统中，不是所有节点都必须与两个信道连接。

与总线结构相比，星形结构的优势在于：它在接收器和发送器之间提供点到点连接。该优势在高传输速率和长传输线路中尤为明显。另一个重要优势是错误分离功能。例如，如果信号传输使用的两条线路短路，则总线系统在该信道将不能进行进一步的通信。如果使用星形结构，则只有到连接短路的节点才会受到影响，其他所有节点仍然可以继续与其他节点通信。

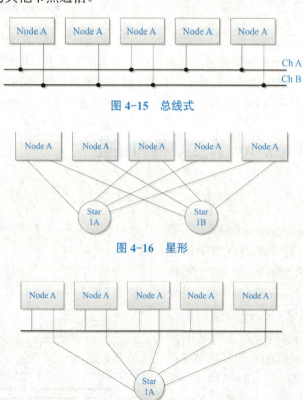

图 4-15　总线式

图 4-16　星形

图 4-17　总线星形混合型

第七节 数据帧

一、数据帧的组成

一个数据帧由头段（Header Segment）、有效负载段（Payload Segment）和尾段（Trailer Segment）三部分组成。Flexray 数据帧结构如图 4-18 所示。

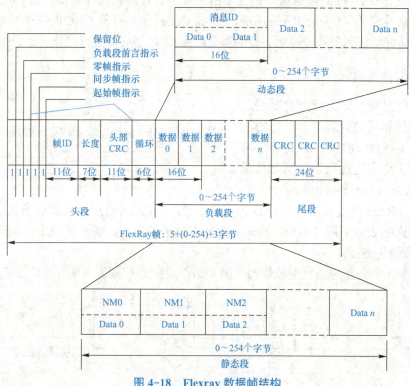

图 4-18 Flexray 数据帧结构

1. 头段

头段共由 5 个字节（40 位）组成，包括以下几位：

（1）保留位（1 位）：为日后的扩展做准备；

（2）负载段前言指示（1 位）：指明负载段的向量信息；

（3）无效帧指示（1 位）：指明该帧是否为无效帧；

（4）同步帧指示（1 位）：指明该帧是否为一个同步帧；

（5）起始帧指示（1 位）：指明该帧是否为起始帧；

（6）帧 ID（11 位）：用于识别该帧和该帧在时间触发帧中的优先级；

（7）负载段长度（7 位）：标注一帧中能传送的字数；

（8）头部 CRC（11 位）：用于检测传输中的错误；

（9）周期计数（6 位）：每一通信开始，所有节点的周期计数器增 1。

2. 有效负载段

有效负载段是用于传送数据的部分，Flexray 有效负载段包含 0～254 个字节数据。

（1）对于动态帧，有效负载段的前两个字节通常用作信息 ID，接收节点根据接收的 ID 来判断是否为需要的数据帧。

（2）对于静态帧，有效负载段的前 13 个字节为网络管理向量（NM = Network Management），用于网络管理。

3. 尾段

尾段只含有 24 位的校验域，包含了由头段与有效负载段计算得出的 CRC 校验码 [循环冗余校验码（Cyclic Redundancy Check Code）]。计算 CRC 时，应根据网络传输顺序将从保留位到负载段最后一位的数据放入 CRC 生成器进行计算。

二、编码与解码

编码的过程实际上就是对要发送的数据进行相应的处理"打包"的过程，如加上各种校验位、ID 符等。编码与解码主要发生在通信控制器与总线驱动器之间，如图 4-19 所示。

图 4-19 编码与解码

其中，RXD 为接收信号，TXD 为发送信号，TxEN 为通信控制器请求数据信号。信息的二进制表示采用"不归零"码。对于双通道的节点，每个通道上的编码与解码的过程是同时完成的。

数据帧编码包括静态数据帧编码（图 4-20）和动态帧编码（图 4-21）。

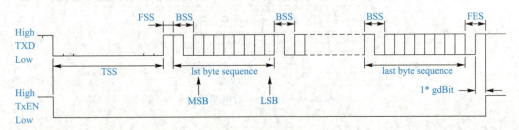

图 4-20 静态数据帧编码

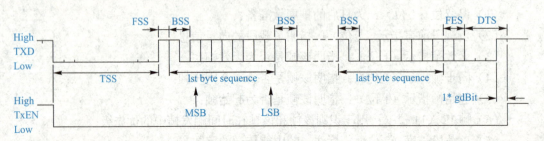

图 4-21 动态帧编码

1. 静态数据帧编码

（1）传输启动序列（TSS）：用于初始化节点和网络通信的对接，为一小段低电平。

（2）帧启动序列（FSS）：用来补偿 TSS 后第一个字节可能出现的量化误差，为一位高电平。

（3）字节启动序列（BSS）：给接收节点提供数据定时信息，由一位高电平和一位低电平组成。

（4）帧结束序列（FES）：用来标识数据帧最后一个字节序列结束，由一位低电平和一位高电平组成。

2. 动态帧编码

动态段尾部序列（DTS）：仅用于动态帧传输，用来表明动态段中传输时隙动作点的精确时间点，并防止接收段过早地检测到网络空闲状态。由一个长度可变的低电平和一位高电平组成。

将这些序列与有效位（从最大位 MSB 到最小位 LSB）组装起来就是编码过程，最终形成能够在网络传播的数据位流。

三、媒体访问方式

在媒体接入控制中，一个重要的概念就是通信周期（Communication Cycle），如图 4-22 所示。一个通信周期由静态段（Static Segment）、动态段（Dynamic Segment）、符号窗口（Symbol Window）和网络空闲时间（Network Idle Time）四个部分组成。Flexray 提供两种媒体接入时序的选择：静态段采用时分多址方式（TDMA），由固定的时隙数组成，不可修改，且所有时隙的大小一致，用来传输周期性的数据信息；动态段采用灵活的时分多址（FTDMA），由较小的时隙组成，可根据需要扩展变动，一般用于传输事件控制的消息；符号窗口用于传输特征符号；网络空闲时间用于时钟同步处理。

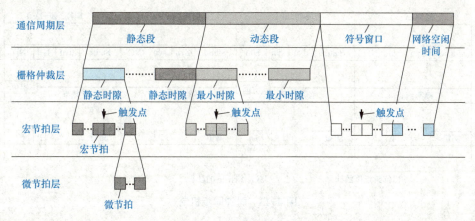

图 4-22 媒体访问方式

仲裁层包含仲裁网络，它构成了 Flexray 媒介仲裁的主干部分。在静态段中，仲裁网络由叫作静态时槽（Static Slots）的连续时间间隔组成；在动态段中，由叫作微型时槽（Minislots）的连续时间间隔组成。

仲裁网络层是建立在由宏节拍（Marcotick）组成的宏节拍层之上的。每个本地宏节拍的时间都是一个整数倍的微节拍的时间。已分配的宏节拍边缘叫作行动点（Action Points）。行动点是一些特定的时刻，在这些时刻上，将会发生传输的开始和结束。

微节拍层是由微节拍组成的。微节拍是由通信控制器外部振荡器时钟刻度选择性地使用分频器导出的时间单元。微节拍是控制器中的特殊单元，它在不同的控制器中可能会有不同的时间。节点内部的本地时间间隔尺寸就是微节拍。

第八节　时钟同步、唤醒与启动

一、时钟同步

如果使用基于 TDMA 的通信协议，则通信媒介的访问在时间域中控制。因此，每个节点都必须保持时间同步，这一点非常重要。所有节点的时钟必须同步，并且最大偏差（精度）必须在限定范围内，这是实现时钟同步的前提条件。

时钟偏差可分为相位偏差和频率偏差。相位偏差是两个时钟在某一特定时间的绝对差别；频率偏差是相位偏差随时间推移的变化，它反映了相位偏差在特定时间的变化。

Flexray 使用一种综合方法，同时实施相位纠正和频率纠正，包含两个主要过程（图 4-23），即时间同步校正机制（最大时间节拍生成 MTG）和时钟同步计算机制（时钟同步进程 CSP）。MTG 控制时隙初值，即周期计数器和最大时钟节拍的计数器，并对其进行修正。CSP 主要完成一个通信循环开始的初始化，测量并存储偏差值，计算相位和频率的修正值。

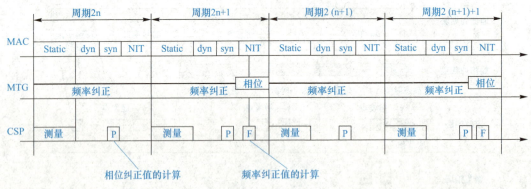

图 4-23　时钟同步机制

相位纠正仅在奇数通信周期的 NIT 段执行，在下一个通信周期起始前结束。相位改变量指明了添加到 NIT 相位纠正段的微节拍数目，它的值由时钟同步算法决定，并有可能为负数。相位改变量的计算发生在每个周期内，但修正仅应用在奇数通信周期的末尾。

在频率纠正中，需要使用两个通信循环的测量值。这些测量值之间的差值反映每个通信循环中的时钟偏差变化。它通常用于计算双循环结束时的纠正值。在整个后来的两个通信周期中，都使用该纠正值。

二、唤醒与启动

为了节省资源，部分节点处于不工作状态时，进入"节电模式"。当这些节点需要再次工作时，就需要"唤醒"它们。主机可以在通信信道上传输唤醒模式，当节点接收到唤醒特征符（Wakeup Symbol）后，主机处理器和通信控制器才进行上电。

在通信启动执行之前，整个簇需要被唤醒。启动节点工作需要在所有通道上同步执行。初始一个启动过程的行为被称为冷启动（Coldstart），能启动一个起始帧的节点是有限的，它们称作冷启动节点（Coldstart Node）。在至少由 3 个节点组成的簇中，至少要有 3 个节点被配置为冷启动节点。在冷启动节点中，主动启动簇中消息的节点称为主冷启动节点（Leading Coldstart Node），其余的冷启动节点则称为从冷启动节点（Following Coldstart Node）。

当节点被唤醒并完成初始化后，它就可以在相应的主机控制命令发出之后进入启动程序。在非冷启动节点接收并识别至少两个相互通信的冷启动节点前，非冷启动节点一直等待。同时，冷启动节点监控两个通信通道，确定是否有其他的节点正在进行传输。当检测到通信信道没有进行传输时，该节点就成为主冷启动节点。

冷启动尝试以冲突避免操作符（Collision Avoidance Symbol）开始，只有传输 CAS 的冷启动节点能在最开始的 4 个周期传输帧。主冷启动节点先在两个通道上发送无格式的符号（一定数量的无效位），然后启动集群。在无格式符号发送完毕后，主冷启动节点启动该节点的时钟，进入第 1 个通信周期。从冷启动节点可以接收主冷启动节点发送的消息，在识别消息后，从冷启动节点便可确认主冷启动节点发送的消息的时槽位置，然后等待下一个通信周期。当接收到第二个消息后，从冷启动节点便开始启动它们的时钟。根据两条消息的时间间隔，测量与计算频率修正值，尽可能地使从启动节点接近主冷启动节点的时间基准。为减少错误的出现，冷启动节点在传输前需要等待两个通信周期。在这期间，其余的冷启动节点可继续接收从主冷启动节点及已完成集群冷启动节点的消息。

从第 5 个周期开始，其余的冷启动节点开始传输起始帧。主冷启动节点接收第 5 个与第 6 个周期内其余冷启动节点的所有消息，并同时进行时钟修正。在这个过程中没有故障发生，且冷启动节点至少收到一个有效的起始帧报文，主冷启动节点则完成启动阶段，开始进入正常运行状态。

非冷启动节点首先监听通信信道，并接收信道上传输的信息帧。若接收到信道上传输的信息帧，便开始尝试融入启动节点。在接下来的两个周期内，非冷启动节点要确定至少两个发送启动帧的冷启动节点，并符合它们的进度。若无法满足条件，非冷启动节点将退出启动程序。非冷启动节点接收到至少两个启动节点连续的两组双周期启动帧后，开始进入正常运行状态。非冷启动节点进入正常工作状态，比主冷启动节点晚两个周期。

如图 4-24 所示，描述了正确的启动过程。其中，A 是主冷启动节点，B 是从冷启动节点，C 是非冷启动节点。

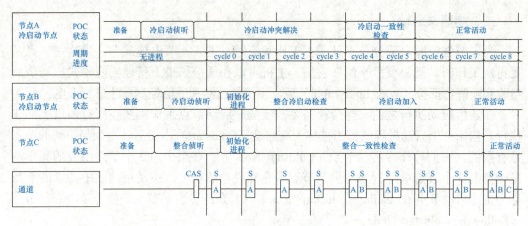

图 4-24 Flexray 启动过程

第九节 大众汽车 Flexray 总线实训指导书

一、实训目的

学会使用大众的专用测量仪器 VAS6356 和诊断仪器 VAS6150B 进行总线波形的测量和分析。

二、实训工具

（1）VAS6356 测量仪器。
（2）VAS6150B 诊断仪器。
（3）诊断线束 1594D。
（4）带 Flexray 总线的奥迪轿车 1 辆。
（5）维修工具车 1 辆（含有常用工具）。

三、技术资料

（1）大众 TEIS 维修手册。
（2）实习、实训指导书。
（3）相关教学视频与软件资料。

四、实训内容

（1）VAS6356 测量仪器和 VAS6150B 诊断仪器按照面板上的端口标识连接即可或按照维修手册的指导连接。
（2）测量 Flexray 线电阻。
（3）测量 Flexray 总线波形图，并画出波形。

五、实训记录

(1) 测量 Flexray 线电阻。

	对地电阻	对正极电阻	线内是否断路
Flexray 总线			

(2) 绘制 Flexray 总线波形图。

六、实训时间

45 min。

七、实操评价

实操评价见表 4-1。

表 4-1 实操评价

序号	评价项目	考核内容	配分	评价标准	得分
1	资料查询	工艺、资料的获取	10 分	正确地按照实操车型选取技术文件资料	
2	实操准备	常、专用工具的准备	5 分	正确地准备实操所需的常用与专用工具	
		各检测设备连接	20 分	根据各检测设备功能、按照诊断仪提示的连接方法正确地连接各检测设备	
3	实操实施	电压测量	20 分	识读电路图、正确地测量 Flexray 线电压	
		波形测量	30 分	会使用诊断工具读取 Flexray 线的电压	
4	5S 与安全	5S	10 分	能保持实操现场的整洁、工具与设备的整理	
		安全	5 分	车辆安全	
5	分数				

第五章
汽车以太通信

◉ 第一节　汽车以太网的产生与发展

一、汽车以太网的产生

以太网（Ethernet）作为一种局域网（LAN）技术在1973年发明，最早由 Xerox（施乐）公司创建，于1980年 DEC、Intel 和 Xerox 三家公司联合开发成为一个标准，其是当今现有局域网采用的最通用的通信协议标准。

以太网络使用 CSMA/CD（载波监听多路访问及冲突检测）技术，已经历40多年的发展历程，成为当前应用最为普遍的局域网技术。以太网主要由 IEEE 802.3 工作组负责标准化，以太网从最初支持10 Mb/s 的吞吐量开始，经过不断的发展，支持快速以太网（100 Mb/s）、千兆以太网（1 Gb/s）、万兆以太网（10 Gb/s）及100 Gb/s。同时，为了适应应用的多样化，以太网的速率打破了以10倍为一级来提升的惯例，开始支持2.5 Gb/s、5 Gb/s、25 Gb/s 及400 Gb/s 的速率。以太网技术不仅支持双绞线的铜线传输介质，还支持光纤传输。

随着城域以太网论坛（MEF）不断将以太网技术作为交换技术和传输技术广泛应用于城域网建设，以太网已经不仅局限于局域网应用，还可以更广泛地应用到城域网（MAN）和广域网（WAN）的领域。

在进入汽车领域之前，以太网已经获得了广泛的应用，同时，还具有技术成熟、高度标准化、带宽高及低成本等优势。随着近年来汽车电子化的快速发展，车内电子产品数量逐年增加，复杂性日益提高。以太网所具有的技术优势可以很好地满足汽车制造商对车内互联网络的需求。但由于车内电磁兼容的严格要求，以太网直到近些年才取得了技术突破从而得以应用到汽车内。

目前，主流的车载以太网的技术标准是基于博通公司的 Broad R-Reach（BRR）技术，IEEE 已经完成对100 Mb/s 车载以太网技术的标准化，正在对1 Gb/s 传输速度的车载以太网进行标准化。车载以太网在车内将主要应用在对带宽需求较高的系统上，如高级驾驶辅助系统（ADAS）、车载诊断系统（OBD）及车载信息娱乐系统等。与传统的车载网络不同，车载以太网可以提供带宽密集型应用所需的更高的数据传输能力,未来其将在车内具有广泛的应用前景。

二、在汽车上应用以太网的原因

1. 汽车电控系统的发展

（1）1980年配有电喷（非全电控）发动机、防抱死制动系统等电控装置在汽车市场的占比为10%左右；

（2）2000年配有安全气囊、车身稳定控制、车身电器、多种网络通信、导航的车辆在汽车市场的占比为22%左右；

（3）2010年配有先进辅助驾驶、主动安全、节能发动机配节能传动系、道路驶离警告、互联网、智能电话等在汽车市场的占比为35%；

（4）2030年混合动力汽车、纯电动汽车、全自动驾驶汽车在汽车市场的占比为50%。

以上数据说明电控系统发展之快，在汽车领域应用之广。

2. 传感器、ECU和执行器的升级

随着轿车电子化、自动化的提高，汽车电控系统传感器、ECU、执行器三个组成全面升级。车用ECU的处理速度和存储器容量增大。汽车传感器或执行器更多采用LIN、CAN等微控制器（ECU）级传感器。众多不同系统的传感器、ECU、执行器生成的数据都要与车辆全体需要这些数据传感器级ECU、ECU和执行器级ECU控制器共享。

每增加一个新的传感器或应用程序需要通过增加一个新的、独立的ECU设备及其关联的传感器电路来实现，这种做法是非常低效的，为了简化电路和降低成本，汽车上多个ECU之间的信息传递就要采用一种称为多路复用通信网络技术，建立相关的ECU之间的通信链路，允许ECU彼此使用更高级的功能和共享数据，这种增长逐渐发展成了现在复杂的、异构的车载网络。

例如，目前广泛使用的车载总线型网络：本地互联网络（LIN）、控制器局域网络（CAN）或Flexray等。传统汽车总线：LIN（10～125 kb/s）、CAN（125 kb/s～1 Mb/s）、Flexray（1～10 Mb/s）、MOST（24.8～150 Mb/s），汽车以太网：BroadR-Reach/100Base-T（100 Mb/s）、1 000Base-T1（1 GbE）、2.5 GbE、10 GbE等。

2020年，典型高档汽车的网络架框平均每台车有30～50个ECU，顶级配置有150个ECU，有大于150个的网络连接，全车铜线长5 km，大于60 kg，全车有100多个电机，500多个LED，5个以上的摄像机。

3. 智能汽车电子技术的不断创新

ADAS全名为Advanced Driving Assistant System，译为高级驾驶辅助系统，基于大量信息娱乐系统和视频的ADAS技术，引入了大量的数据，以及对传输数据的带宽要求。ADAS技术正在向着全智能驾驶的方向上努力前进，车辆要和周围的车用无线互联的设备之间进行通信，也要和道路上的通信设施进行数据通信，以保证汽车在自动情况下的安全驾驶。这些需求不断增长，导致车载电子的功能日益复杂，ECU数目也在逐级的增加。

奥迪 A8 是第一款称为 L3 级自动驾驶的汽车，包括使用激光雷达，使用域控制器，使用车载以太网做骨干网的运算架构。未来 L3 级自动驾驶的汽车将把域控制器、以太骨干网、汽车开放系统架构（Automotive Open System Architecture，Autosar）和激光雷达作为标配。

采用域控制器可降低车载 ECU 的数量，实现共享微控制器和存储器、共享基础软件和操作系统、共享运行环境，避免以前各个 ECU 硬件独立，各个软件也独立，仅靠多种网络实现共享的问题。

未来汽车网络架构是以太骨干网（图 5-1）。车载以太网最重要的应用就是域控制器，激光雷达，这些需要带宽和全新运算架构的高配汽车。域控制器、AUTOSAR（特别是新出的自适应 AUTOSAR）和激光雷达是否能工作依靠的是以太骨干网。域控制器加 AUTOSAR，不仅可以共享硬件软件通信资源，还可以大幅度提高软件集成度，提高基础软件的可复用性，厂家只需要关注应用层软件即可。

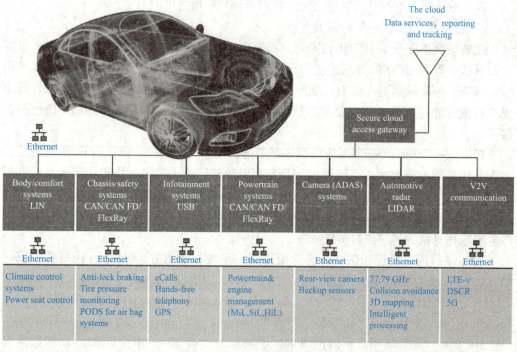

图 5-1 以太汽车的网络框架图

4. 降低成本需求

（1）ECU 成本。目前，车内常见的总线包括 LIN（车身领域）、CAN、PSI5（主要是气囊）、CAN-FD（高速 CAN）、MOST（大众汽车的信息娱乐系统）、Flexray（德系豪华车的底盘系统与辅助驾驶系统）、FPDLINK（360 全景系统）。2010 年后汽车电子爆发，ECU 数量、ECU 的运算能力需求都呈现爆发式增长，在 ADAS 时代和即将到来的无人驾驶时代将更加明显，同时，对运算带宽的需求也开始爆发。这将造成汽车电子系统成本大增，即 ECU 系统数量和质量的增加，由于是分布式计算，大量的运算资源被浪费，由此产生的成本增加300～500美元，如果沿用目前的电子架构体系，产生的成本增加最少也是1 000美元。

（2）线束成本。一辆低端车的线束系统成本只要大约300美元，质量大约为30 kg，长度大约为1 500 m，线束大约为600根，以及1 200个接点。而目前一辆豪华车的线束系统成本为550～650美元，质量大约为60 kg，线束大约为1 500根，长度大约为5 000 m，以及3 000个接点。如果沿用目前的电子架构体系，无人车时代的线束成本不会低于1 000美元，质量可达100 kg。车载以太网使用单对非屏蔽电缆及更小型紧凑的连接器，使用非屏蔽双绞线时可支持15 m的传输距离（对于屏蔽双绞线可支持40 m），这种优化处理使车载以太网可满足车载EMC要求。可减少高达80%的车内连接成本和高达30%的车内布线质量。100 M车载以太网的PHY（PHY是指物理层与外部信号接口的芯片）采用了1 G以太网的技术，可通过使用回声抵消在单线对上实现双向通信。

（3）用电功率的要求。POE（Power Over Ethernet）指的是在现有的以太网Cat.5布线基础架构不做任何改动的情况下，在为一些基于IP的终端（如IP电话机、无线局域网接入点AP、网络摄像机等）传输数据信号的同时，还能为此类设备提供直流供电的技术。POE技术能在确保现有结构化布线安全的同时保证现有网络的正常运作，最大限度地降低成本。

以太网供电POE技术于2003年推出，可通过标准的以太网线缆提供15.4 W的供电功率。在一条电缆上同时支持供电与数据传输，对进一步减少车上电缆的质量和成本非常有意义。由于常规的POE是为4对电缆的以太网设计的，因此，专门为车载以太网开发了PoDL，可在一对线缆上为电子控制单元ECU的正常运行提供12VDC或5VDC供电电压。

（4）带宽的需求。当然，对带宽的需求也是一个因素，各种传感器，特别是激光雷达和高分辨率摄像头，必须用以太网传输数据。

第二节 汽车以太网的特殊性

一、车载网络不能使用传统的以太网的原因

以太网是由鲍勃梅特卡夫（Bob Metcalfe）于1973年提出的，以太网使用CSMA/CD（载波监听多路访问及冲突检测）技术，目前通常使用双绞线（UTP线缆）进行组网。其包括标准的以太网（10 Mb/s）、快速以太网（100 Mb/s）、千兆网（1 Gb/s）和10 G（10 Gb/s）以太网。它们都符合IEEE802.3。

以太网中所有的传输都是串行传输，即在网卡的物理端口会在每一个单位时间内"写入"或是"读取"一个电位值（0或1）。那么，这个单位时间对1 Gb/s带宽来说就是1÷1000,000,000 = 1 ns，每8个位（bit）相当于1个字节（byte）。多个字节（byte）可以组成一个数据帧。以太网传输数据是以帧为单位的。以太网规定每一个

数据帧的最小字节是 64 byte，最大字节是 1 518 byte。实际上每个数据帧之间还会有一个 12byte 的间隔。

由于带宽通常是由多个设备共享的，这也是以太网的优势所在。但是，所有的发送端没有基于时间的流量控制，并且这些发送端永远是尽最大可能发送数据帧。这样，来自不同设备的数据流就会在时间上产生重叠，即通常所说的冲突。因为所有数据流重叠/冲突的部分会遵循 QoS 优先机制进行转发，一部分的数据包肯定会被丢弃。在 IT 专业里有一个不成文的规定，当某个交换机的带宽占用率超过 40% 时就必须扩容，其目的就是通过提高网络带宽来避免拥堵的产生。

由于以太网的发明时间较早，并没有考虑实时信息的传输问题。尽管 RTP（Realtime Transport Protocol）能在一定程度上保证实时数据的传输，但并不能为按顺序传送数据包提供可靠的传送机制。因此，想要对所有的数据包进行排序，就离不开对数据的缓冲（Buffer）。然而，一旦采用缓冲的机制又会带来新的问题——极大的"延时"。换而言之，当数据包在以太网中传输时从不考虑延时、排序和可靠交付。传统以太网最大的缺点是不确定性或非实时性，由于 Ethernet 采用 CSMA/CD 方式，网络负荷较大时，网络传输的不确定性不能满足工业控制的实时要求，故传统以太网技术难以满足控制系统要求准确定时通信的实时性要求，一直被视为"非确定性"的网络。尽管传统二层网络已经引入了优先级（Priority）机制，三层网络也已内置了服务质量（QoS）机制，但仍然无法满足实时性数据的传输。另外，在传统以太网中，只有当现有的包都处理完成后才会处理新到的包，即使是在 Gb/s 的速率下也需要几百微秒的延迟，满足不了车内应用的需求。更何况目前是 Mb/s 的速率，延迟最多可能达到上百毫秒，这肯定是无法接受的。普通以太网采用的是事件触发传输模式，在该模式下端系统可以随时访问网络，对于端系统的服务也是先到先服务。事件触发模式的一个明显的缺点是当几个端系统需要在同一传输媒介上进行数据通信时，所产生的传输时延和时间抖动会累积。

二、以太网音视频桥接技术

随着音视频娱乐大量进入汽车座舱，IEEE 开始着手开发用于音视频传输的以太网，这就是以太网音视频桥接技术（Ethernet Audio Video Bridging，EAVB）。其是 IEEE 的 802.1 任务组于 2005 年开始制定的一套基于新的以太网架构的用于实时音视频的传输协议集。

以太网默认的转发机制叫作"Best Effort"（尽力而为）。也就是说当数据包抵达端口后，本着先入先出的原则转发。当网络的流量稀疏，这本不是一个问题。但在实际环境中，大量的数据包极有可能在一瞬间抵达端口。当然，端口可以在一定程度上缓存并延时转发；但一方面是不能容忍过大的延时转发，另一方面交换机的物理端口缓存也非常小，不可能有效解决大量数据包瞬间抵达的问题。音视频流恰好是沿等长的时间间隔发布数据的。例如，一个 24 bit 48 K 采样的专业音频通道，每个采样的时间间隔是 20。83 μs。如果按照每 6 个采样封装成一个数据包，则每个数据包的固定间隔就是 125 μs。每个数据包由两个部分组成，即数据报头（74byte）＋音频通道采样数据（24byte×通道数）。如果用传统以太网传输，肯定会出现丢包现象，在网络本身架构没法改变的情况下，只能修改数据结构。将几个不同的音频流进行流量整形（Traffic Shaping）而不是流量控制（Traffic Control），经过流量整形，每个流所占的带宽会在同一个时间节点。所有的非实时流可以见缝插针提高对带宽的占用率。这就是 EAVB 的基本原理。

EAVB 与传统以太网进行比较有以下四个不同点：

（1）必须采用基于 MAC（Media Access Control 或 Medium Access Control 译为媒体访问控制，或称为物理地址、硬件地址）地址，地址的传输方式即二层传输或是基于 IP 地址 UDP 的传输方式，从而减小数据包的开销及降低传输延时。

（2）由于二层传输和 UDP 均不属于可靠交付，因此，必须依靠 QoS 来"尽可能"保障可靠交付。

（3）所有数据包需要有"时间戳"（Time Stamp），在数据抵达后根据数据包头的"时间戳"进行回放。因此，各个网络终端设备必须进行"时钟同步"也就是通常所说的时钟校准。

（4）数据包被转发时需采用队列协议按序转发，从而尽可能做到低延时。

但是，EAVB 一直没有被推广，原因是汽车领域内传输音视频流最典型的应用是后座娱乐系统，这种系统完全不用考虑延迟，是不现实的。而其他应用大多是纯视频，EAVB 需要硬件压缩然后再解压，这就大幅度增加成本。纯视频可以采用低成本传输方式，如 GMSL、MIPI 或 FPDLINK。所以，EAVB 一直没有什么应用，在 2011 年 3 月，美国 SAE 跨界推出 AS6802 标准，这是一种飞机航天领域内以太网应用的标准，也可以在汽车上应用。IEEE 受到启发，在 2012 年 11 月，将 EAVB 小组改名为 TSN，就是时间敏感网络。

三、时间敏感网络

TSN 主要定位数据链路层，在物理层方面，IEEE 做了新标准，即 IEEE 802.3bp 和 IEEE 802.3bw。IEEE 的目标不仅是车载领域，还包括工业以太网。

TSN 的主要支持者包括思科、英特尔、瑞萨、德国工业机器人巨头 KUKA、三星哈曼、宝马、通用汽车、现代汽车、博世、博通、德州仪器、NXP、三菱电机、LG、Marvell、模拟器件、通用电气。

TSN 是一系列标准，非常庞大，也非常灵活，可以按需求选择，不过对技术实力差的厂家来说就很痛苦，不知如何选择。物理层标准已经在 2015 年中期确定，由于 Marvell 参与了 IEEE 802.3bp 和 IEEE 802.3bw 的标准制定，因此，2015 年就同步推出对应产品，包括用在特斯拉 AP 2.0 上的 88E6321、88E6341。但是，主要应用目标市场还是用在宽带网关、无线路由和工业以太网交换机领域。

2017 年，TSN 汽车应用领域大部分标准定型，博通在 2017 年 12 月推出 BCM53162（图 5-2），主要目标市场就是无人车和 L3 级无人驾驶，还有无人机和机器人。BCM53162 支持 TSN 的 802.1Qav、8 021.1Qbv、802.1Qci，时钟方面支持 IEEE 1 588 V2、IEEE 802.1AS。

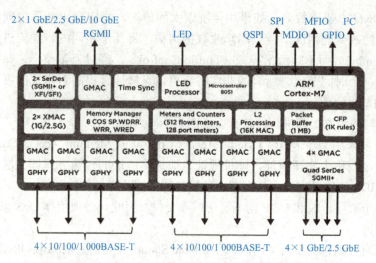

图 5-2　BCM53162 内部框架图

图 5-2 是瑞萨对未来汽车架构的设想，TSN 是关键，IEEE 原本预计要到 2021 年才有量产车用 TSN，现在看来应该会提前 1～2 年。

第三节　车载以太网技术

一、车载以太网的概念

车载以太网是一种用以太网连接车内电子单元的新型局域网技术。与普通的以太网使用 4 对非屏蔽双绞线（UTP）电缆不同，车载以太网在单对非屏蔽双绞线上可实现 100 Mb/s 甚至 1 Gb/s 的数据传输速率，同时，还应满足汽车行业对高可靠性、低电磁辐射、低功耗、带宽分配、低延迟，以及同步实时性等方面的要求。

车载以太网的物理层采用了博通公司的 BroadR-Reach 技术。BroadR-Reach 的物理层（PHY）技术已经由单线对以太网的联盟（One-pair Ethernet Alliance）标准化，因此，有时也称车载以太网为 Broad R-Reach（BRR）或 OABR（Open Alliance Broad R-Reach）。

车载以太网的 MAC 层采用 IEEE 802.3 的接口标准，无须做任何适配即可无缝支持广泛使用的高层网络协议（如 TCP/IP）。

二、车载以太网主要技术

车载以太网主要涉及 OSI（Open System Interconnection，开放网络互联国际标准化组织）的 1、2 层技术。

（1）物理层（PHY）。车载以太网使用单对非屏蔽电缆及更小型紧凑的连接器，使用非屏蔽双绞线时可支持 15 m 的传输距离（对于屏蔽双绞线可支持 40 m），这种优化处理使车载以太网可满足车载 EMC 要求。100 M 车载以太网的 PHY 采用了 1 G 以太网的技术,通过使用回声抵消在单线对上实现双向通信。车载以太网的物理层与标准的 100BASE-TX 的物理层主要区别如下:

1)与 100BASE-TX 所使用的扰频器相比,车载以太网数字信号处理器(DSP)采用了高度优化的扰频器,可以更好地分离信号,比 100BASE-TX 系的频谱效率更高。

2)车载以太网的信号带宽为 66.7 MHz,只有 100BASE-TX 系统的一半。较低的信号带宽可以改善回波损耗,减少串扰,并确保车载以太网可以满足汽车电磁辐射标准的要求。

(2)"一对数据线供电"PoDL。以太网供电 POE 技术是在 2003 年推出的,可以通过标准的以太网线缆提供 15.4 W 的供电功率。在一条电缆上同时支持供电与数据传输,对进一步减少车上电缆的质量和成本具有重要的意义。由于常规的 POE 是为 4 对电缆的以太网设计的,因此专门为车载以太网开发了 PoDL,可以在一对线缆上为电子控制单元 ECU 的正常运行提供 12VDC 或 5VDC 供电电压。

(3)先进电缆诊断 ACD。ACD 功能可以通过分析反射信号的幅度和延迟来检测电缆的故障位置,这对于实现车载以太网连接的高度可靠性至关重要。

(4)高能效以太网。当关闭引擎时,车上电子单元并不是全部关闭,这时需要用电池供电,而电池的电量又是有限的,这种情况下可采用高效能以太网技术通过关闭不用的网络以降低耗电量。

(5)时间同步。车内某些应用需要实现不同传感器之间的时间同步,或者在执行某次测量时需要知道不同节点的时刻,这就需要在全部参与测试的节点之间做到同步,某些精度甚至需要达到亚微秒级别。车载以太网采用了 IEEE 802.1AS 的定时同步标准,该标准通过 IEEE 1588V2 的 Profile 从而用一种更简单快速的方法确定主时钟,规定了广义的精确时间协议(Precision Time Protocol,PTP)。

(6)时间触发以太网。车内的许多控制要求通信延迟要在微秒级。在传统以太网中,只有当现有的包都处理完成后才会处理新到的包,即使是在 Gb/s 的速率下也需要几百微秒的延迟,满足不了车内应用的需求。为了解决这一问题,IEEE 802.3 工作组开发了一种高优先级的快速包技术,使得快速包可插入到正在处理的包队列中被优先处理以保证延迟在微秒级范围内。

(7)音视频桥接 AVB。为了满足车内音视频应用的低延迟和可保证的带宽要求,可以在车内使用 IEEE 802 工作组开发的 AVB 相关标准。AVB 技术提供了优先级、流预留协议(SRP)、流量整形协议(FQTSS)等核心功能。AVB 在车内的应用案例有同步多媒体播放、在线导航地图等汽车联网应用、ADAS 及诊断功能等。同时,IEEE 还制定了 AVB 的传输协议,包括以下几项:

1)IEEE 1722-2011:桥接局域网中的时间敏感应用第二层传输协议标准,也被称为音视频传输协议(AVTP)。

2)IEEE 1733-2011:桥接局域网中的时间敏感应用第三层传输协议标准。由于该协议是一个第三层协议,预计不会被汽车行业广泛采用。

为了提升 AVB 的适应性,满足工业等更多应用场景,IEEE AVB 任务组已更名为

"时间敏感性网络"TSN 工作组，现在是 IEEE 802.1 五大任务组之一，致力于开发实现超低时延的控制网络。

第四节 车载以太网发展趋势和标准

一、汽车以太网发展

图 5-3 显示了从第 1 代到第 3 代（2020 年）的汽车以太网预计发展进度。

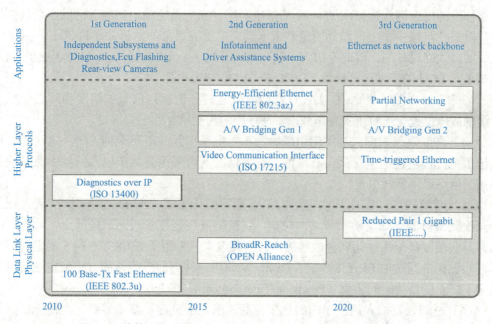

图 5-3 从第 1 代到第 3 代（2020 年）的汽车以太网预计发展进度

1. 汽车以太网现状

如今，以太网仅用于汽车诊断和固件更新。100Base-Tx 是以太网的典型接口版本。虽然该版本的一些标准不符合汽车 EMI 的要求，但由于该接口仅用于汽车处于服务地点（非运动）时的诊断，因此，该接口被允许使用。使用以太网进行诊断的汽车通常需要有 RJ45（即路由器、交换机等网络设备插网线的端口，俗称网线端口，是以 RJ45 为标准的接口）连接器，用于连接运行诊断软件的外部计算机。且由于其速度更快，一些汽车固件的升级也常通过该接口完成。

2. 2015 年的汽车以太网

2015 年，多家汽车制造商运用 Broadcom 的 BroadR-Reach PHY 技术（现在是 OPEN 联盟支持的公开标准）将摄像头（驾驶员辅助系统）与视频（信息娱乐系统）连接至以太网，以满足汽车 EMI 要求。由于支持所需带宽（MOST 和 LVDS 串行协议）的技术较昂贵，导致以太网的出现成为摆脱这个窘境的绝佳机会。在此模型中，以太网只用于点对点链路，并且尚不可用作不同接口的共享介质（因此，单个链路仅用于连接到一个视频或摄像机）。现如今，宝马公司和现代公司已经在一些车型中使用了这项技术。

3. 2020 年的汽车以太网

2020 年，预计汽车制造成本的 40% 都会用于电子零部件的制造（目前约为 32%）。并且，人们对安全性、娱乐性和通信功能技术多样性等方面的追求将会不断推动这一数值的增长。

二、车载以太网发展趋势

车载电子变得日益复杂，越来越多的传感器、控制器及接口对带宽的要求越来越高，车内不同的计算单元和不同的域之间彼此通信的需求越来越强。这种复杂性直接导致了对车内连线使用上的增长。在车载以太网进入汽车应用之前，车内已有多种不同的标准技术在应用，包括 LIN、CAN、Flexray、MOST 及 LVDS 等。几乎每个汽车电子器件都有其特定的线缆和通信要求，这必然导致车内复杂的连线，车内线束已成为继引擎和底盘之外的车内第三大成本支出的部分，生产环节中布置配线的人工成本占整车的 50%。同时，车内线束在质量上也是继底盘和引擎之外占第三位的部分。降低线束质量的技术将会直接改善燃油使用的经济性。车载以太网承载在单线对非屏蔽双绞线的传输介质上，使用更小巧紧凑的连接器，将可减少高达 80% 的车内连接成本和高达 30% 的车内布线质量。

据全球著名的咨询公司弗若斯特沙利文公司（Frost & Sullivan）和 Strategy Analysis 预测，到 2020 年，全球将部署 4 亿个车载以太网端口；到 2022 年，全球部署的全部车载以太网端口将超过所有其他已部署的以太网端口总和。Frost & Sullivan 还预测，到 2020 年，对于低端车型，每辆车上将有 6～40 个车载以太网节点，而豪华车型和混合/电动车型上将会有 50～80 个车载以太网节点，有 40% 的已售车上使用车载以太网；到 2025 年，车载以太网的市场渗透率将增加至 80%。

截至 2016 年 3 月月底，车载以太网领域里最为重要的 OPEN 联盟成员已增长到 300 个，包括汽车领域里众多的汽车厂商、一级供应商、芯片商、技术公司及研究机构等。中国车企和供应商也在积极关注并逐渐采用 OPEN 联盟的技术，在 OPEN 联盟中已有一汽集团、北汽、长城、泛亚、华晨、恒润、航盛，以及中国信息通信研究院等十几家中国成员。全世界采用 OABR 技术的主流汽车制造商的数量正在增长，截至 2015 年 10 月月底，已有多个车型上采用了车载以太网，包括宝马公司的 X3、X4、X5、X6、i3、i8、6 系及 7 系，捷豹的 XJ 和 XF 与大众的帕萨特等。

三、车载以太网标准化

在车载以太网的标准化方面，起主要推动作用的标准化组织或联盟是 IEEE 802.3 和 IEEE 802.1 工作组、汽车开放系统架构联盟 AUTOSAR、OPEN 联盟及 AVnu 联盟。

1. IEEE

IEEE 802.3 制定的局域网标准代表了业界主流的以太网技术，车载以太网技术是在 IEEE 802.3 基础上开发研制的，因此，IEEE 是目前最为重要的车载以太网国际标准化机构。为了满足车内的要求，涉及 IEEE 802.3 和 IEEE 802.1 两个工作组内的多个新规范的制定和原有规范的修订，包括 PHY 规范、AVB 规范、单线对数据线供电等。

另外，AVB 中有关 AV 的传输、定时同步等规范还需 IEEE 的其他技术委员会的标准化，如 IEEE 1722、IEEE 1588 等。

2. OPEN

OPEN 联盟是于 2011 年 11 月由博通（Broadcom）、恩智浦（NXP）及宝马（BMW）公司发起成立的开放产业联盟，旨在推动将基于以太网的技术标准应用于车内联网。相关单位可通过签署 OPEN 联盟的规范允可协议成为其成员，参与其相关规范的制定活动。

OPEN 的主要标准化目标有以下几项：

（1）制定 100 Mb/s BroadR-R 的物理层标准并将其推广成为开放的产业标准。
（2）在相关标准化组织中鼓励和支持开发更高速的物理层技术规范。
（3）制定 OPEN 的互通性要求，选择第三方执行互操作性测试。
（4）发现车载以太网在实现过程中的标准化缺口。

OPEN 联盟与 IEEE 802 形成紧密的标准化合作。

3. AUTOSAR

AUTOSAR 是由汽车制造商、供应商及工具开发商发起的联盟，旨在制定一个开放的、标准化的车用软件架构。AUTOSAR 的规范包括车用 TCP/UDP/IP 协议栈。AUTOSAR 获得了汽车产业的普遍认可，各制造商将放弃私有标准的开发，转而在标准实现上展开竞争，实现 AUTOSAR 的标准可使多个设备无缝的运行在同一个共享网络上。

4. AVnu

AVnu 联盟是由博通联合思科、哈曼和英特尔成立，致力于推广 IEEE 802.1 的 AVB 标准和时间同步网络（TSN）标准，建立认证体系，并解决如精确定时、实时同步、带宽预留及流量整形等重要的技术和性能问题。

目前，AVnu 已发布其车载以太网 AVB 的认证测试规范，并已认证了多个型号的产品。

需要补充的是，AVnu 的技术不仅可应用于汽车领域，还可应用于专业 A/V、工业及消费类电子领域。

第五节　RJ45 接口及芯片

一、RJ45 接口

常见的 RJ45 接口有两类：用于以太网网卡、路由器以太网接口等的 DTE 类型，还有用于交换机等的 DCE 类型。

DTE 我们可以称做"数据终端设备"，DCE 我们可以称做"数据通信设备"。从某种意义来说，DTE 设备称为"主动通信设备"，DCE 设备称为"被动通信设备"。

当两个类型一样的设备使用 RJ45 接口连接通信时，必须使用交叉线连接。

这个可以从如下的 RJ45DTE 类型引脚定义（图 5-4）和 RJ45DCE 类型引脚定义（图 5-5）来说明。

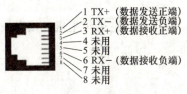 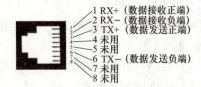

图 5-4　DTE 类型 RJ45 引脚定义　　　　图 5-5　DCE 类型 RJ45 引脚定义

从图 5-4 和图 5-5 中可以看出，如果 DTE 类型接口和 DTE 类型接口相连时不交叉相连引脚，对触的引脚都是数据接收(发送)引脚，通信将不能进行。另外需要说明：一些 DCE 类型设备会和对端自动协商，此时连接用交叉线或平行线均可。

二、RJ45 型网线插头

RJ45 型网线插头又称水晶头，共由八芯做成，广泛应用于局域网和 ADSL 宽带上网用户的网络设备间网线（称作五类线或双绞线）的连接。在具体应用时，RJ45 型插头和网线有两种连接方法(线序)，分别称作 T568A 线序和 T568B 线序，如表 5-1 所示。

RJ45 型网线插头引脚号的识别方法是：手拿插头，有 8 个小镀金片的一端向上，有网线装入的矩形大口的一端向下，同时将没有细长塑料卡销的那个面对着你的眼睛，从左边第一个小镀金片开始依次是第 1 脚、第 2 脚、…、第 8 脚。

表 5-1　网线 RJ45 型插头各脚与网线颜色标志的对应关系

插头脚号	T568A 网线颜色	T568B 网线颜色
1	绿白	橙白
2	绿	橙
3	橙白	绿白
4	蓝	蓝
5	蓝白	蓝白
6	橙	绿
7	棕白	棕白
8	棕	棕

三、直连和交叉互联网线

1. 直连互联网线

网线的两端均按 T568B 接，用于连接主机和设备，即 DTE 与 DCE，如：

（1）电脑与 ADSL 猫；

(2）ADSL 猫与 ADSL 路由器的 WAN 口；
(3）电脑与 ADSL 路由器的 LAN 口；
(4）电脑与集线器或交换机。

2. 交叉互连网线

网线的一端按 T568B 接，另一端按 T568A 接，用于连接主机与主机，或者设备与设备，如：
(1）电脑与电脑，即对等网连接；
(2）集线器与集线器；
(3）交换机与交换机。

四、RJ45 接口芯片

ENC28J60 是带有行业标准串行外设接口（Serial Peripheral Interface，SPI）的独立以太网控制器。它可作为任何配备有 SPI 的控制器的以太网接口。ENC28J60 符合 IEEE802.3 的全部规范，采用了一系列包过滤机制以对传入数据包进行限制。它还提供了一个内部 DMA 模块，以实现快速数据吞吐和硬件支持的 IP 校验和计算。与主控制器的通信通过两个中断引脚和 SPI 实现，数据传输速率高达 10 Mb/s。两个专用的引脚用于连接 LED，进行网络活动状态指示。

如图 5-5 所示为使用该器件的典型应用电路。要将单片机连接到速率为 10 Mb/s 的以太网，只需 ENC28J60、两个脉冲变压器和一些无源元件即可。

ENC28J60 由七个主要功能模块组成：
(1）SPI 接口：充当主控制器和 ENC28J60 之间通信通道。
(2）控制寄存器：用于控制和监视 ENC28J60。
(3）双端口 RAM 缓冲器：用于接收和发送数据包。
(4）判优器：当 DMA、发送和接收模块发出请求时对 RAM 缓冲器的访问进行控制。
(5）总线接口：对通过 SPI 接收的数据和命令进行解析。
(6）MAC（Medium Access Control）模块：实现符合 IEEE802.3 标准的 MAC 逻辑。
(7）PHY（物理层）模块：对双绞线上的模拟数据进行编码和译码。

该器件还包括其他支持模块，诸如振荡器、片内稳压器、电平变换器（提供可以接受 5 V 电压的 I/O 引脚）和系统控制逻辑。

要实现以太网接口，ENC28J60 需要外部连接几个标准元件。应按照图 5-6 来连接这些元件。在差分接收引脚（TPIN+/TPIN-）上，需要一个专用于 10BASE-T 操作的 1∶1 脉冲变压器。在差分发送引脚（TPOUT+/TPOUT-）上，需要外接一个带有中心抽头的 1∶1 脉冲变压器。变压器应具有 2 kV 以上的电压隔离性能，以防止静电干扰。两个变压器均需要额外的两个 50 Ω（精度为 1%）的电阻和一个 0.01 μF 的电容与特定端相连。ENC28J60 的内部模拟电路需要在 RBIAS 引脚与地之间外接一个 2 kΩ（精度为 1%）的电阻。

为降低功耗，ENC28J60 中的某些数字电路工作在 2.5 V 标称电压下。其内部包含

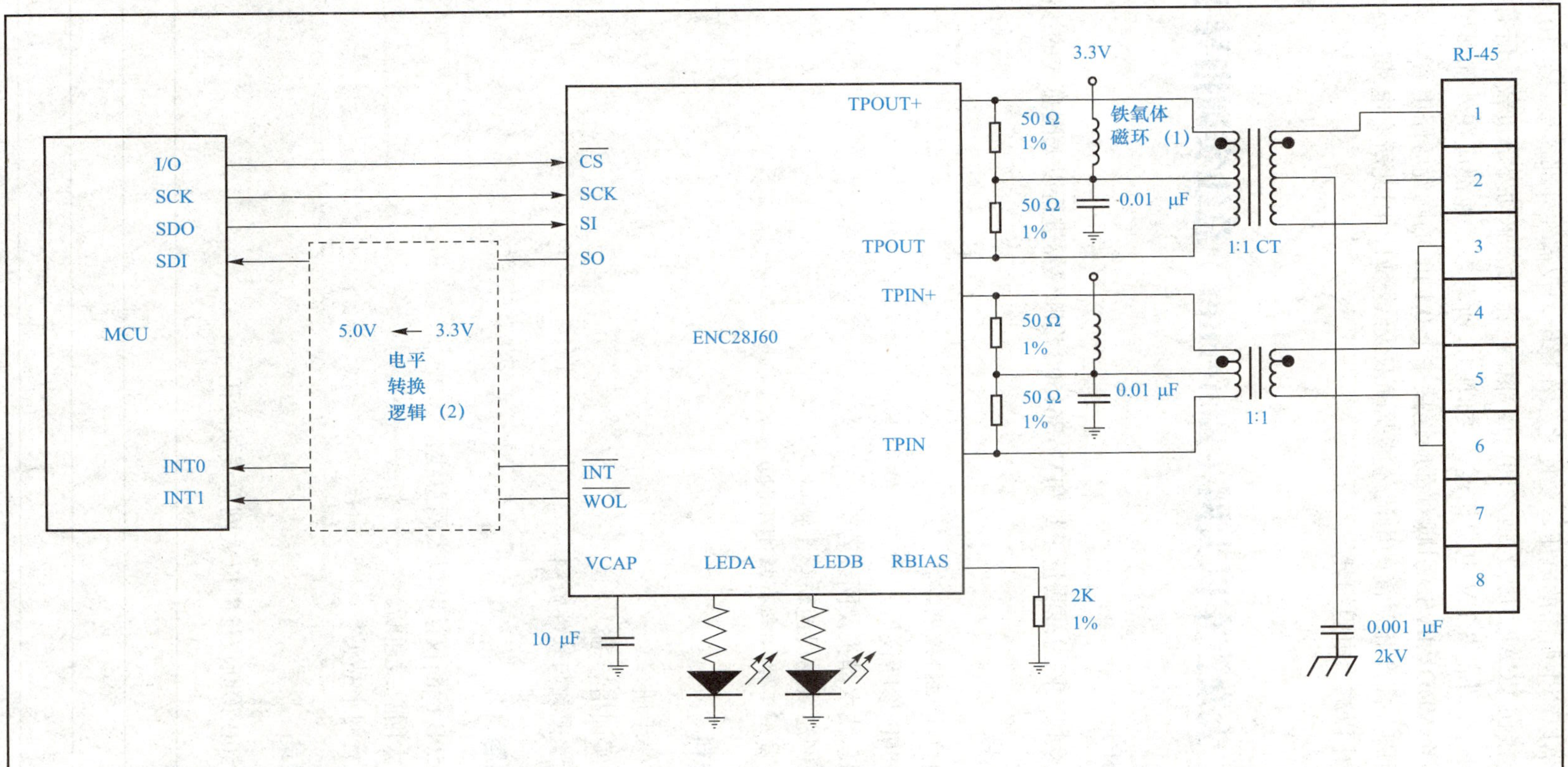

图 5-6 接口 RJ45 及芯片 ENC28J60

注：1. 铁氧体磁环的额定电流至少为 100 mA。
2. 只有在单片机运行在 5 V 电压下时才需要。

一个 2.5 V 稳压器以产生所需的电压，要使之工作稳定，仅需在外部连接一个 10 μF 电容。该电容应连接在 VCAP 引脚与地之间。内部稳压器无法驱动外部负载。所有电源引脚都必须与同一个外部 3.3 V 电源相连。类似的，所有参考地都应在外部连接到相同的接地点。每个 VDD 和 VSS 引脚对都应连接一个 0.1 μF 的陶瓷旁路电容，该电容应尽可能靠近引脚。需要相对高的电流才能驱动双绞线接口，因此所有电缆应尽可能短，并且线径适中以减少电阻损耗。

第六节 大众汽车以太网（Ethernet）总线实训指导书

一、实训目的

学会使用大众以太网总线测量工具和 VAS6150B 诊断仪器进行以太网总线的诊断。

二、实训工具

（1）以太网总线测量仪器。
（2）VAS6150B 诊断仪器。
（3）以太网总线水晶头及网线若干。
（4）带以太网总线的奥迪轿车 1 辆。
（5）维修工具车 1 辆（含有常用工具）。

三、技术资料

（1）奥迪维修手册。
（2）实习、实训指导书。
（3）相关教学视频与软件资料。

四、实训内容

（1）VAS6150B 诊断仪诊断以太网总线。
（2）测量以太网总线通断。
（3）制作以太网水晶头。

五、实训记录

（1）VAS6150B 诊断仪诊断以太网总线故障码。

_____
_____
_____
_____

（2）测量以太网总线通断。

_____

_____

_____

（3）制作以太网水晶头

_____

_____

_____

_____

六、实训时间

45 min。

七、实操评价

实操评价见表 5-2。

表 5-2　实操评价

序号	评价项目	考核内容	配分	评价标准	得分
1	资料查询	工艺、资料的获取	10 分	正确地按照实操车型选取技术文件资料	
2	实操准备	常、专用工具的准备	5 分	正确地准备实操所需的常用与专用工具	
		各检测设备连接	20 分	根据各检测设备功能、按照诊断仪提示的连接方法正确地连接各检测设备	
3	实操实施	诊断仪测量	20 分	正确读取故障码	
		用网线测量设备	20 分	能测量网线的通断	
		完成一个水晶头的制作	10 分	水晶头制作合格	
4	5S 与安全	5S	10 分	能保持实操现场的整洁、工具与设备的整理	
		安全	5 分	车辆安全	
5	分数				

第六章
MOST 总线技术

第一节 MOST 总线应用

一、MOST 的概念

MOST（Media Oriented System Transport）是许多汽车制造厂、零部件供应商及软件开发商共同结成了一个联合体，以利于采取一种统一的快速数据传递系统。从"Media Oriented System Transport"这个名字就以可看出，它是一种用于多媒体数据传送的网络系统。也就是说，该系统将符合地址的信息传送到某一接收器上，这与CAN数据总线是不同的。

MOST是用光导纤维传输代替金属导线传输，用光信号代替了电流信号。光导纤维是塑料光纤，所以成本较低，使用光导纤维可以让信息传输量加大，未来的传输提升潜力也较高，同时，因为没有接地回路，也不受电磁干扰，因此传输信号也不受电磁干扰。

二、MOST 的应用

在奥迪车上，如图 6-1 所示，MOST 技术用于 Infotainment 系统的数据传递。Infotainment 系统能提供很多信息及娱乐多媒体服务（Information and Entertainment）。

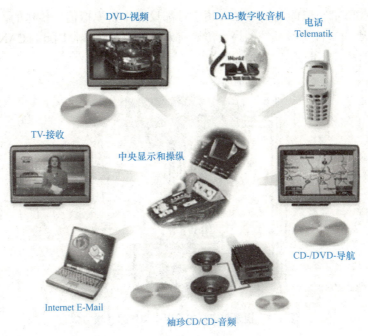

图 6-1 奥迪 MOST 技术应用

【完成任务】MOST 的英文全称：_____；
主要在汽车的哪个领域应用：_____。

这种光纤数据传输对于实现 Infotainment 系统的所有功能具有重要的意义，由于以前所使用的 CAN 数据总线系统的传输速度不够快，因此，无法满足相应的数据量的传送。多媒体的传输速率如图 6-2 所示，视频和音频信号以数字信号传递，仅仅是带有立体声的数字式电视信号，就需要约 6 Mb/s 的传输速度。MOST 总线的传输速率可达 21.2 Mb/s。

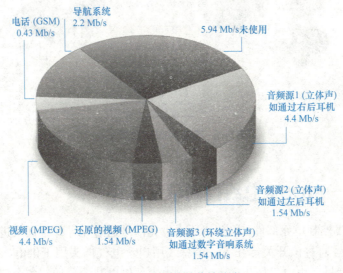

图 6-2 多媒体的传输速率

如图 6-3 所示，以前的视频和音频信号都只能作为模拟信号传送的，这就使得线束的用量很大。CAN 总线系统的最大传输速率只能为 1 Mb/s，因此，CAN 总线只能用来传递控制信号，不能用于传输数据。

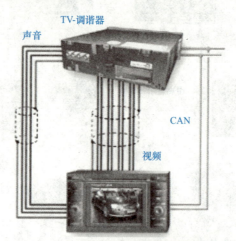

图 6-3　视频和音频信号以模拟信号传送方式

奥迪 MOST 总线拓扑如图 6-4 所示。在 MOST 总线中，相关部件之间的数据交换是以数字方式来进行的。通过光波进行数据传递有导线少且质量轻的优点。另外，传输速度也快得多。与无线电波相比，光波的波长更短，因此，它不会产生电磁干扰，同时对电磁干扰也不敏感。这些特点决定了其传输速率较高且抗干扰性也较强。

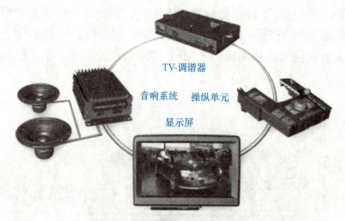

图 6-4　奥迪 MOST 总线拓扑

第二节　MOST 总线控制单元部件

MOST 总线控制单元部件如图 6-5 所示。光信号通过光导纤维插头进入控制单元，或产生的光信号通过该开关传往下一个总线用户。电气插头用于供电、环断裂自诊断及输入/输出信号。由电气插头送入的电再由内部供电装置分送到各个部件。这样就可以单独关闭控制单元内某一部件,从而降低了静态电流。

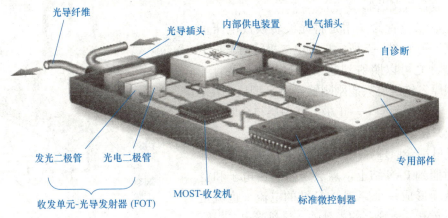

图 6-5　MOST 总线控制单元部件

一、收发单元 – 光导发射器

收发单元 – 光导发射器（FOT）由一个光电二极管和一个发光二极管构成。到达的光信号由光电二极管转换成电压信号后传至 MOST- 收发机。发光二极管的作用是将 MOST- 收发机的电压信号再转换成光信号。产生出的光波波长为 650 nm，是可见红光。数据经光波调制后传送，调制后的光经由光导纤维传到下一个控制单元。图 6-6 所示为 MOST- 收发机和波长。

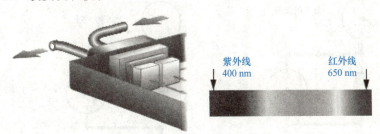

图 6-6　MOST- 收发机和波长

二、MOST- 收发机

MOST- 收发机由发射机和接收机两个部件组成。发射机将要发送的信息作为电压信号传送至光导发射器。接收机接收来自光导发射器的电压信号，并将所需的数据传送至控制单元内的标准微控制器（MCU）。其他控制单元不需要的信息由收发机来传送，而不是将数据传送到 MCU 上，这些信息原封不动发至下一个控制单元。

三、标准微控制器

标准微控制器（MCU）是控制单元的核心组件，它的内部有一个微处理器，用于操纵控制单元的所有基本功能。

专用部件用于控制某些专用功能，如CD播放机和收音机调谐器。

光电二极管的作用是将光波转换成电压信号，其原理如图6-7所示。光电二极管内有一个P-N结，光可以照射到这个P-N结上。由于P型层很厚，绝缘层只能刚刚够得到N型层。在P型层上有一个触点——正极。N型层与金属底板（负极）接触。

光电耦合原理如图6-8所示，如果光或红外线辐射照到P-N结上，就会产生自由电子和空穴，从而形成一个穿越P-N结的电流。也就是作用到光电二极管上的光越强，流过光电二极管的电流就越大，这个过程称为光电效应。光电二极管反向与一个电阻串联。如果由于照射光强度增大，流过光电二极管的电流增大，则电阻上的压降也就增大了，于是，光信号就被转换成电压信号了。

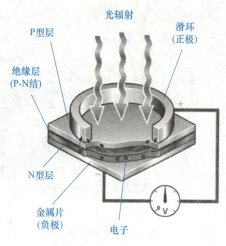

图6-7 光电二极管原理

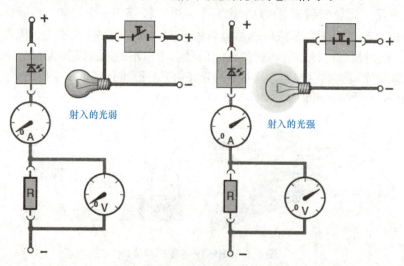

图6-8 光电耦合原理

【完成任务】从如图6-8所示的光电耦合原理中可以看出，光敏二极管是正向使用的，还是反向使用的：_____。

四、光导纤维

光导纤维（LWL）的任务是将在某一控制单元发射器内产生的光波传送到另一控制单元的接收器。

在开发光导纤维时需要考虑：光波是直线传播的，如图6-9所示；光波在弯曲的光导纤维内是以全反射、直线再全反射、直线的形式传播的；发射器与接收器之间的距离可以达到数米远；机械应力作用如振动、安装等不应损坏光导纤维；在车内温度剧烈变化时应能保证光导纤维的功能。因此，为了传送光信号，光导纤维应该具有：光波在光导纤维中传送时的衰减应小；光波应能通过弯曲的光导纤维来传送；光导纤维应是柔性的；在 −40 ℃～ 85 ℃的温度范围内，光导纤维应能保证功能等特点。

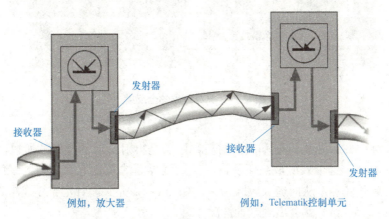

图 6-9　光导纤维信号传递

光导纤维的结构如图 6-10 所示。纤芯是光导纤维的核心部分，它是用有机玻璃制成的，是光导线。纤芯内的光根据全反射原理几乎无损失地传导，下面还要详细介绍全反射。透光的涂层是由氟聚合物制成的，它包在纤芯周围，对全反射起关键作用。黑色包层是由尼龙制成的，它用来防止外部光照射。彩色包层起到识别、保护及隔温作用。

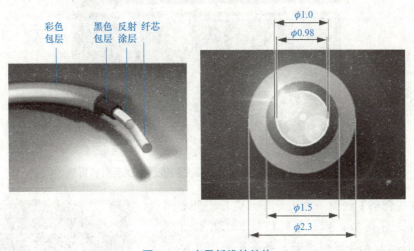

图 6-10　光导纤维的结构

当一束光以小角度照射到折射率高的材料与折射率低的材料之间的界面时，则光束就会被完全反射，这就叫作全反射。光波在光导纤维中的传送可分为光导纤维直线和弯曲两种情况。如图 6-11（a）所示，当为直线光导纤维时，光导纤维将一部分光波沿直线传送。绝大部分光波是按全反射原理在纤芯表面以之字形曲线传送。半径＞ 25 mm 弯的光波导线，光波通过全反射在纤芯的涂层界面上反射，也可以弯曲传送，如图 6-11（b）所示。

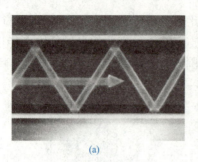 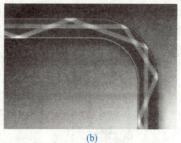

(a)   (b)

图 6-11 光导纤维的全反射

(a) 直线光导纤维的全反射；(b) 弯曲光导纤维的全反射

光导纤维中的纤芯是折射率高的材料，涂层是折射率低的材料，所以，全反射发生在纤芯的内部。这个效应取决于从内部照射到界面的光波角度，如果该角度过陡，则光波就会离开纤芯，从而造成较大损失，如图 6-12 所示。当光导纤维弯曲或弯折过度时（半径 < 25 mm）就会出现这种情况。

为了能使传输过程中的损失尽量小，光导纤维的端面应光滑、垂直、洁净，因此，使用了一种专用的环形切削工具。切削面上的污垢和剐痕会加大传送损失（衰减）。

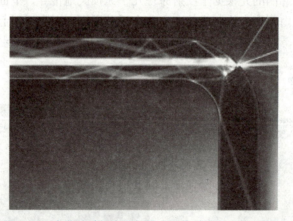

图 6-12 弯曲处破损光导纤维光的传递出现反射和折射

【完成任务】组织一次光导纤维实习，用光导纤维外皮环切工具和光导纤维切割工具切出图 6-13 所示的光导纤维断面，并用专用工具按图 6-14 所示安上端套，再插入插塞和插头壳体。

为了能将光导纤维连接到控制单元，使用了一种专用插头，如图 6-14 所示。插塞连接上有一个信号方向箭头，它表示输入方向（通向接收器）。插头壳体就是与控制单元的连接处。光通

图 6-13 光纤断面应平齐（本图不平齐）

过纤芯的端面传送至控制单元的发射器/接收器。在生产光导纤维时，为了将光导纤维固定在插头壳体内，使用了激光焊接的塑料端套或黄铜端套。

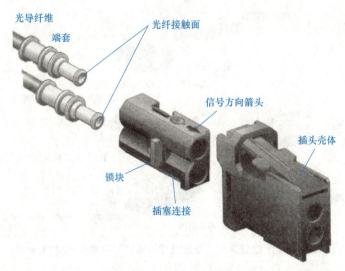

图 6-14 光导纤维和插接头

第三节　MOST 总线的功能流程

一、系统启动（唤醒）

如果 MOST 总线处于睡眠模式，那么，首先须通过唤醒程序将系统切换至正常模式。如果一个控制单元（系统管理器除外）唤醒了 MOST 总线（图 6-15），则该控制单元就会向下一个控制单元发射一种专门调制的光（称为伺服光）。环状总线上的下一个控制单元通过在睡眠模式下工作的光电二极管来接收这个伺服光，并将此光继续下传。该过程一直进行到系统管理器为止，系统管理器根据传来的伺服光来识别是否有系统启动的请求。然后，系统管理器向下一个控制单元发送一种专门调制的光（称为主光），这个主光由所有的控制单元继续传递（图 6-16），系统管理器的光导发射器（FOT）接收到主光后，系统管理器就可识别出环形总线现在已经封闭（图 6-17），可以开始发送信息帧。

首批信息帧要求 MOST 总线上的控制单元提供标识符。系统管理器根据标识符向环形总线上的所有控制单元发送实时顺序（实际配置），这使得面向地址的数据传递成为可能。

诊断管理器将报告的控制单元（实际配置）与一个所安装的控制单元存储表（规定配置）进行比较。如果实际配置与规定配置不相符，诊断管理器存储相应的故障。至此整个唤醒过程结束，就可以开始数据传送了。

二、音频与视频作为同步数据的传送

下面以奥迪 A8 车 03 型车上播放音乐 CD 为例来说明同步数据形式传送音频与视频信号。

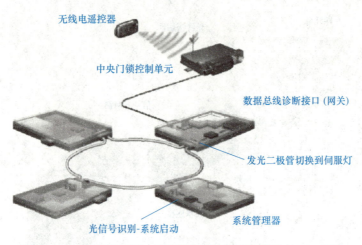

图 6-15 一个控制单元（系统管理器除外）唤醒了 MOST 总线

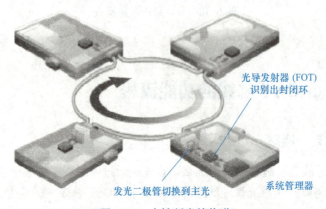

图 6-16 主控制光的传递

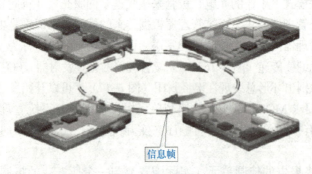

图 6-17 系统管理器识别出环形总线封闭

如图 6-18 所示，用户通过多媒体操纵单元 E380 和信息显示屏 J685（娱乐操作屏）来选择 CD 上的曲目。操纵单元 E380 通过一根数据线将控制信号传送至前部信息控制单元 J523 的控制单元（系统管理器）中。然后，系统管理器在连续不断传送的信息帧内加入一个带有以下校验数据的信息组（= 16 信息帧）插入。

发射机地址：前信息显示和操作单元的控制单元 J523，环形结构中的位置 1。

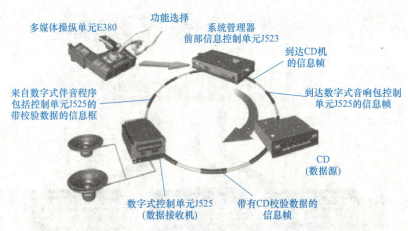

图 6-18 音频与视频信号作为同步传送的原理

数据源的接收机地址：CD 机，环形位置 3（取决于装备情况）。

控制命令：播放第 10 个曲目；分配传送通道。

CD 机（数据源）：确定数据区中有哪些字节可以用来传送它的数据。然后，它插入一个带校验数据的数据组。

数据源的发射机地址：CD 机，环形结构中的位置（取决于装备情况）。

系统管理器的接收机地址：前部信息控制单元 J523，环形结构中的位置 1。

控制命令：将 CD 的数据传送至通道 01、02、03、04（立体声）。

三、同步传送的数据管理

前部信息控制单元 J523 使用下列带校验数据的数据组。

发射机地址：前部信息控制单元 J523，环形结构中的位置 1。

接收机地址：数字式控制单元 J525，环形结构中的位置取决于装备。

控制命令：读出数据通道 01、02、03、04，并通过扬声器播放出来（图 6-19）。当前的音响效果设定，如音量、前后音量平衡、左右音量平衡、低音、高音和中音；关闭静音切换。

向数字式控制单元 J525（数据接收机）发出播放音乐的指令。CD 上的数据被保留在数据区内，直到信息帧通过环形总线又到达 CD 机（数据源）为止。这时，这些数据被新的数据替代并且重新开始新的循环。这样，可以使得 MOST 总线中的所有输出装置（低声炮、耳机）都可以使用同步数据。另外，系统管理器通过发送相应的校验数据来确定哪个装置在使用数据。

传送通道：音频与视频传送需要每个数据区中的几个字节。数据源会根据信号类型预定一些字节，这些已被预定的字节就称为通道，一个通道包含一个字节的数据。

四、异步数据形式的传送

异步数据包括导航系统地图、显示导航计算、互联网站点、电子邮件。它们都是以异步数据的形式传送的（图 6-20）。异步数据源是以不规则的时间间隔来发送这些数据的。

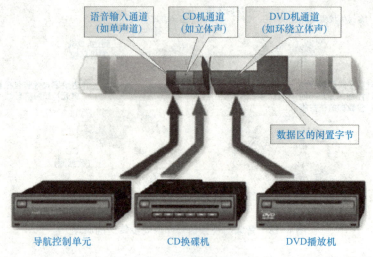

图 6-19 同步传送的数据管理

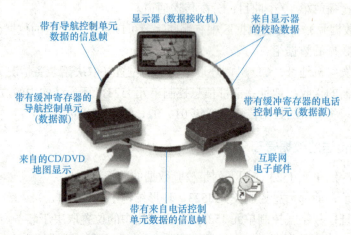

图 6-20 用异步数据形式传送的信息

每个数据源将其异步数据存储到缓冲寄存器内。然后数据源开始等待，直至接收到带有接收机地址的信息组。数据源将数据记录到该信息组数据区的空闲字节内。记录是以每4个字节为一个数据包的形式进行的。接收机读取数据区中的数据包并处理这些信息。

异步数据停留在数据区，直到信息组又到达数据源。数据源从数据区提取数据，在合适的时候用新数据取代这些数据。

第四节　MOST 总线自诊断

一、诊断过程

1. 诊断管理器功能

执行环形中断诊断，并会将MOST总线上的控制单元诊断数据传送给诊断控制单元。

2. 系统故障

由于采用了环形结构，某一个 MOST 总线位置上数据传送的中断就被称为环形结构中断。可能会引起环形结构中断的原因如下：

（1）光导纤维中断。
（2）发射机或接收机控制单元的电源发生故障。
（3）发射机或接收机控制单元发生故障。

环形结构中断的后果是不能播放音频与视频；不能用多媒体操作单元进行控制和调整；诊断管理器的故障存储器中存储故障信息（"光导数据总线中断"）。

3. 环形结构的故障诊断

环形结构的故障诊断——检测数据传送的中断。由于环形结构中断，就不能在 MOST 总线中进行数据传送（数据传送中断），环形结构中的中断位置（图 6-21）必须执行环形结构的故障诊断来确定。

环形结构的故障诊断是诊断管理器执行的最终控制诊断的一部分。

诊断方法——借助诊断导线来执行环形结构的故障诊断。

连接方法——通过中央接线连接装置将诊断导线连接至 MOST 总线中的每个控制单元。

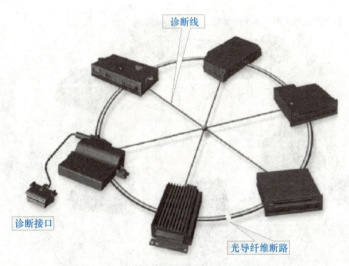

图 6-21 利用诊断导线执行的故障诊断

环形结构中断的诊断过程：启动环形结构的故障诊断后，诊断管理器通过诊断线向每个控制单元传送一个脉冲。这个脉冲使得所有控制单元借助于它们在 FOT 中的发射单元（发光二极管）发出光信号。在此过程中，所有控制单元检查：它们的电源和内部的电气功能；接收来自环形结构中前一个控制单元的光信号。

每个 MOST 总线的控制单元在软件规定的时间长度内作出应答。环状结构故障诊断的开始和控制单元应答的时限使得诊断管理器能够识别出是否已经作出了应答。环形结构故障诊断启动后，MOST 总线的控制单元传送出两条信息如下：

（1）控制单元的电气系统正常，即控制单元的电气功能正常（如电源正常）。

（2）控制单元的光导系统正常，它的光敏二极管接收到环形结构中前一个控制单元的光信号。

这些信息告诉诊断管理器：系统中是否存在电气故障（电源故障）；哪一些控制单元之间的光学数据传送中断了。

进一步检测：先检查供电、搭铁；再检查光导纤维插头是否正常；最后检查控制单元是否正常。

控制单元的故障检查：先利用光学备用控制单元 VAS6186 替换出现故障的控制单元，再检查 MOST 总线是否恢复正常，若系统正常，则说明控制单元存在故障。

4. 衰减增加时环形结构的故障诊断

环形结构的故障诊断只能检测数据传送的中断。诊断管理器的执行元件诊断还有一项功能，就是通过降低光功率来进行环形中断诊断，用于识别增大的信号衰减。

功率下降时的环形结构故障诊断的过程与上面描述的基本相同，如图 6-22 所示。但是，控制单元用衰减度为 3 dB 的方式，即光功率减少一半，打开它们在 FOT 中的发光二极管。如果光导纤维的衰减增加了，则到达接收机的光信号的强度就会不够强，接收机就会发出"光学问题"的信号。

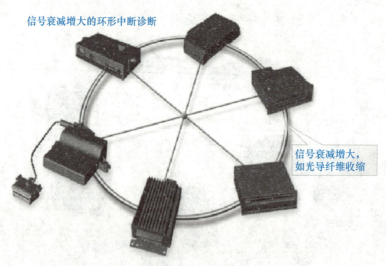

图 6-22 衰减增加时环状结构的故障诊断

这时，诊断管理器就会识别出故障位置，并在诊断测试仪的引导性故障查询中存储一条相应的故障信息。

二、MOST 总线自诊断具体工作过程

MOST 总线因为采用环形结构，一旦环路出现光传导故障，环路的控制单元的光发送和接收故障时，以及控制单元故障时有自诊断功能。

MOST 总线自诊断原理如图 6-23 所示。其由网关、TV 调谐器、收音机、音源 1、音源 2 和功放六个控制单元组成。例如，在音源 1 和音源 2 之间出现光传导通路变窄

故障。在网关对故障的诊断中，首先网关要工作正常、各控制单元电源电压正常。网关诊断环形系统的诊断过程如下：

（1）各控制单元通过内诊断 LIN 线通信（内诊断线是图中交在一起的导线）。

（2）网关自检，此时内诊断线上为 12 V 网关电子诊断，电子诊断正常后，诊断线降为 0 V 为进行光学诊断，向 TV 调谐器送光信号。

（3）TV 调谐器感知道诊断线降为 0 V 后，将内诊断线升为 12 V 进行电子诊断，诊断后若正常，进行光学自检，能检测接收光，将诊断线降为 0 V，网关判别收音机接收没有问题，并向收音机发送光线。

（4）收音机感知道诊断线降为 0 V 后，将内诊断线升为 12 V 进行电子诊断，诊断后若正常，进行光学自检，能检测接收光，将诊断线降为 0 V，网关判别音源 1 接收没有问题，音源 1 向功放发送光线。

（5）音源 1 感知道诊断线降为 0 V 后，将内诊断线升为 12 V 进行电子诊断，诊断后若正常，进行光学自检，不能检测接收光线，不能将诊断线降为 0 V。

（6）音源 2 感知道诊断线降为 0 V 后，将内诊断线升为 12 V 进行电子诊断，诊断后若正常，进行光学自检。因为不能检测接收光线（图中光纤变窄），故不能将诊断线降为 0 V。网关据此判别音源 1、光导纤维和音源 2 存在故障。

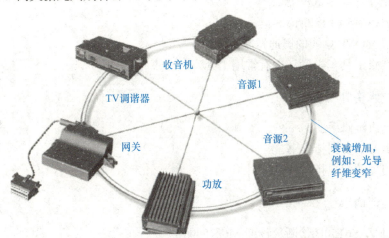

图 6-23 MOST 总线自诊断原理

对于这类故障可取下音源 1 和音源 2 之间的光导纤维进行光通路检验。若无光通路故障则更换音源 1 或音源 2，也可观察音源 1 发光管在光导纤维中是否有光闪动，来排除音源 1。

【完成任务】组织一次光导纤维实习，在电路中找到图 6-23 中的内部诊断线，并用示波器监测内部诊断的波形，在环路断开一根光导纤维，看一下有什么反应。将反应写在_____。

三、光导纤维通路检验方法

检验光导纤维是否能够正常传递光线最好的办法是在拆下的光导纤维一端用光导纤维检测仪输入一个较弱的光线，若光导纤维有损坏，将在另一侧接收端接收仪器接收不到的光线。弱光线若能接收到，车上控制单元发出的正常光线一定是能接收到的。利用这个原理可以检测有破损的光导纤维。

第五节 奥迪汽车 MOST 总线实训指导书

一、实训目的

学会使用大众的专用测量仪器 VAS6150B 进行 MOST 总线诊断和光导纤维通路检查分析。

二、实训工具

（1）光导纤维测量仪器。
（2）VAS6150B 诊断仪器。
（3）带 MOST 总线的奥迪轿车 1 辆。
（4）维修工具车 1 辆（含有常用工具）。

三、技术资料

（1）奥迪维修手册。
（2）实习、实训指导书。
（3）相关教学视频与软件资料。

四、实训内容

（1）用 VAS6150B 诊断仪诊断 MOST 网络。
（2）测量光导纤维衰减。

五、实训记录

（1）VAS6150B 诊断仪故障码记录。

_____

_____

_____

_____

_____

（2）光导纤维衰减测量检查记录。

_____
_____
_____
_____
_____

六、实训时间

45 min。

七、实操评价

实操评价见表 6-1。

表 6-1　实操评价

序号	评价项目	考核内容	配分	评价标准	得分
1	资料查询	工艺、资料的获取	10 分	正确地按照实操车型选取技术文件资料	
2	实操准备	常、专用工具的准备	5 分	正确地准备实操所需的常用与专用工具	
		各检测设备连接	20 分	根据各检测设备功能、按照诊断仪提示的连接方法正确地连接各检测设备	
3	实操实施	诊断仪故障码读取	20 分	正确读取故障码，并说出简单分析	
		光导纤维衰减测量	30 分	会使用光导纤维衰减测量工具	
4	5S 与安全	5S	10 分	能保持实操现场的整洁、工具与设备的整理	
		安全	5 分	车辆安全	
5	分数				

附录
汽车 CAN 控制协议

1. 概要
本资料是面向 CAN 总线初学者的入门书。对 CAN 的概念、CAN 的特征、标准规格下的位置分布等 CAN 的概要及 CAN 的协议进行了说明。

2. 使用注意事项
本资料对博世(BOSCH)公司所提出的 CAN 概要及协议进行了归纳,可作为实际应用中的参考资料。对于具有 CAN 功能的产品不承担任何责任。

3. CAN 的概念
CAN 是 Controller Area Network 的缩写(以下简称 CAN),是 ISO[①] 国际标准化的串行通信协议。

在当前的汽车产业中,出于对安全性、舒适性、方便性、低公害、低成本的要求,各种各样的电子控制系统被开发出来。由于这些系统之间通信所用的数据类型及对可靠性的要求不尽相同,由多条总线构成的情况很多,线束的数量也随之增加。为适应"减少线束的数量""通过多个 LAN,进行大量数据的高速通信"的需要,1986 年德国电气商博世公司开发出面向汽车的 CAN 通信协议。此后,CAN 通过 ISO 11898 及 ISO 11519 进行了标准化,现在在欧洲已是汽车网络的标准协议。

现在,CAN 的高性能和可靠性已被认同,并被广泛地应用于工业自动化、船舶、医疗设备、工业设备等方面。图 1 是车载网络的构想示意。CAN 等通信协议的开发,使多种 LAN 通过网关进行数据交换得以实现。

---

① ISO: International Organization for Standardization(国际标准化组织)。

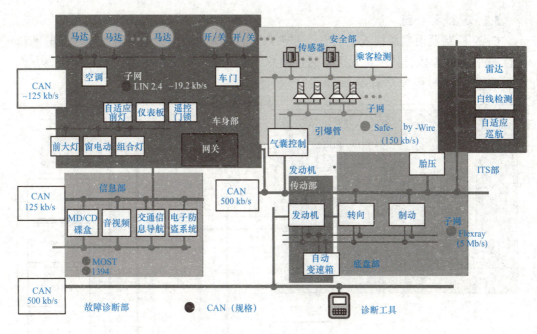

图1 车载网络构想

注：Flexray™ 为戴姆勒克莱斯勒公司注册商标。

3.1 CAN 的应用示例

图2 所示为 CAN 的应用示例。

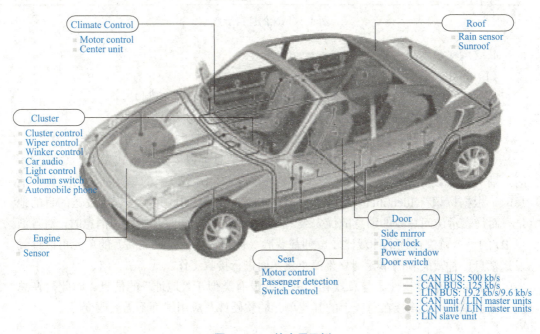

图2 CAN 的应用示例

3.2 总线拓扑图

CAN 控制器根据两根线上的电位差来判断总线电平。总线电平可分为显性电平和隐性电平，两者必居其一。发送方通过使总线电平发生变化，将消息发送给接收方。图 3 所示为 CAN 的连接示意。

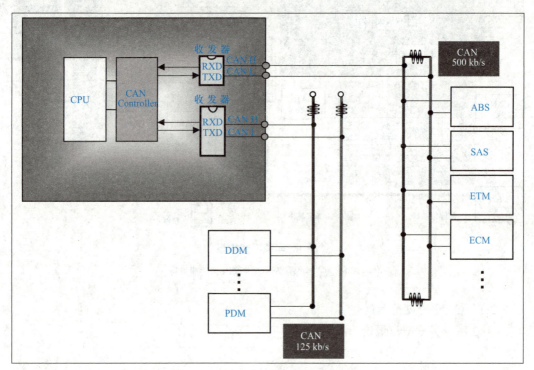

图 3　CAN 的连接示意

4. CAN 的特点

（1）多主控制。

1）在总线空闲时，所有的单元都可开始发送消息（多主控制）。

2）最先访问总线的单元可获得发送权（CSMA/CA 方式①）。

3）多个单元同时开始发送时，发送高优先级 ID 消息的单元可获得发送权。

（2）消息的发送。在 CAN 协议中，所有的消息都以固定的格式发送。总线空闲时，所有与总线相连的单元都可以开始发送新消息。两个以上的单元同时开始发送消息时，根据标识符 Identifier（以下称为 ID）决定优先级。ID 并不是表示发送的目的地址，而是表示访问总线的消息的优先级。两个以上的单元同时开始发送消息时，对各消息 ID 的每个位进行逐个仲裁比较。仲裁获胜（被判定为优先级最高）的单元可以继续发送消息，仲裁失利的单元则立刻停止发送而进行接收工作。

（3）系统的柔软性。与总线相连的单元没有类似于"地址"的信息。因此，在总线上增加单元时，连接在总线上的其他单元的软硬件及应用层都不需要改变。

---

① CSMA/CA：Carrier Sense Multiple Access / Collision Avoidance

（4）通信速度。根据整个网络的规模，可设定适合的通信速度。在同一网络中，所有单元必须设定成统一的通信速度。即使有一个单元的通信速度与其他的不同，此单元也会输出错误信号，妨碍整个网络的通信。不同网络之间则可以有不同的通信速度。

（5）远程数据请求。可通过发送"遥控帧"请求其他单元发送数据。

（6）错误检测功能、错误通知功能、错误恢复功能。

1）错误检测功能：所有的单元都可以检测错误。

2）错误通知功能：检测出错误的单元会立即同时通知其他所有单元。

3）错误恢复功能：正在发送消息的单元一旦检测出错误，会强制结束当前的发送。强制结束发送的单元会不断反复地重新发送此消息直到成功发送为止。

（7）故障封闭。CAN可以判断出错误的类型是总线上暂时的数据错误（如外部噪声等）还是持续的数据错误（如单元内部故障、驱动器故障、断线等）。有此功能，当总线上发生持续数据错误时，可将引起此故障的单元从总线上隔离出去。

（8）连接。CAN线是可以同时连接多个单元的总线。可连接的单元总数理论上是没有限制的。但实际上可连接的单元数受总线上的时间延迟及电气负载的限制。降低通信速度，可连接的单元数增加；提高通信速度，则可连接的单元数减少。

5. 错误

5.1 错误状态的种类

（1）主动错误状态。主动错误状态是可以正常参加总线通信的状态。处于主动错误状态的单元检测出错误时，输出主动错误标志。

（2）被动错误状态。被动错误状态是易引起错误的状态。

1）处于被动错误状态的单元虽能参加总线通信，但为不妨碍其他单元通信，接收时不能积极地发送错误通知。

2）处于被动错误状态的单元即使检测出错误，而其他处于主动错误状态的单元如果没有发现错误，整个总线也被认为是没有错误的。

3）处于被动错误状态的单元检测出错误时，输出被动错误标志。

4）处于被动错误状态的单元在发送结束后不能马上再次开始发送。在开始下次发送前，在间隔帧期间内必须插入"延迟传送"（8个位的隐性位）。

（3）总线关闭状态。总线关闭状态是不能参加总线上通信的状态。信息的接收和发送均被禁止。这些状态依靠发送错误计数和接收错误计数来管理，根据计数值决定进入何种状态。错误状态和计数值的关系见表1及图4所示。

表1 错误状态和计数值

单元错误状态	发送错误计数值（TEC）		接收错误计数值（REC）
主动错误状态	0～127	且	0～127
被动错误状态	128～255	或	128～255
总线关闭态	256～		—

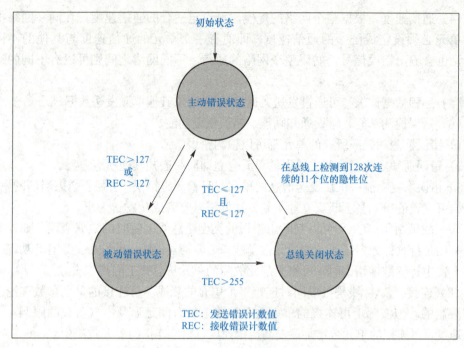

图 4　单元的错误状态

5.2　错误计数值

发送错误计数值和接收错误计数值根据一定的条件发生变化。

错误计数值的变动条件见表2。

一次数据的接收和发送可能同时满足多个条件。错误计数器在错误标志的第一个位出现的时间点上开始计数。

表 2　错误计数值的变动条件

序号	接收和发送错误计数值的变动条件	发送错误计数值（TEC）	接收错误计数值（REC）
1	接收单元检测出错误时。 例如，接收单元在发送错误标志或过载标志中检测出"位错误"时，接收错误计数值不增加	—	+1
2	接收单元在发送完错误标志后检测到的第一个位为显性电平时	—	+8
3	发送单元在输出错误标志时	+8	—
4	发送单元在发送主动错误标志或过载标志时，检测出位错误	+8	—
5	接收单元在发送主动错误标志或过载标志时，检测出位错误	—	−8
6	各单元从主动错误标志、过载标志的最开始检测出连续14个位的显性位时。 之后，每检测出连续的8个位的显性位时	发送时 +8	接收时 −8

续表

序号	接收和发送错误计数值的变动条件	发送错误计数值（TEC）	接收错误计数值（REC）
7	检测出在被动错误标志后追加的连续 8 个位的显性位时	发送时 +8	接收时 +8
8	发送单元正常发送数据结束时（返回 ACK 且到帧结束也未检测出错误时）	−1 TEC = 0 时 ±0	—
9	接收单元正常接收数据结束时（到 CRC 未检测出错误且正常返回 ACK 时）	—	1≤REC≤127 时 −1 REC = 0 时 ±0 REC > 127 时 设 REC = 127
10	处于总线关闭状态的单元，检测到 128 次连续 11 个位的隐性位	TEC = 0	REC = 0

6. CAN 协议的基本概念

CAN 协议涵盖了 ISO 规定的 OSI[①] 基本参照模型中的传输层、数据链路层及物理层（表3）。

CAN 协议中关于 ISO/OSI 基本参照模型中的传输层、数据链路层及物理层，具体的定义如图 5 所示。

表 3 ISO/OSI 基本参照模型

ISO/OSI 基本参照模型		各层定义的主要项目
软件控制	7 层：应用层	由实际应用程序提供可利用的服务
	6 层：表示层	进行数据表现形式的转换，如文字设定、数据压缩、加密等的控制
	5 层：会话层	为建立会话式的通信，控制数据正确地接收和发送
	4 层：传输层	控制数据传输的顺序、传送错误的恢复等，保证通信的品质，如错误修正、再传输控制
	3 层：网络层	进行数据传送的路由选择或中继，如单元间的数据交换、地址管理
硬件控制	2 层：数据链路层	将物理层收到的信号（位序列）组成有意义的数据，提供传输错误控制等数据传输控制流程，如访问的方法、数据的形式；通信方式、连接控制方式、同步方式、检错方式；应答方式、通信方式、包（帧）的构成；位的调制方式（包括位时序条件）
	1 层：物理层	规定了通信时使用的电缆、连接器等的媒体、电气信号规格等，以实现设备之间的信号传送，如信号电平、收发器、电缆、连接器等的形态

数据链路层可分为 MAC 子层和 LLC 子层。其中，MAC 子层是 CAN 协议的核心部分。数据链路层的功能是将物理层收到的信号组织成有意义的消息，并提供传送错误控制等传输控制的流程。具体地说，就是消息的帧化、仲裁、应答、错误的检测或报告。数据链路层的功能通常在 CAN 控制器的硬件中执行。

---

① OSI：Open System Interconnection（开放式系统间互联）。

OSI基本参照模型	在各层中CAN定义事项			
7.应用层 6.表示层 5.会话层 4.传输层 3.网络层 2.数据链路层 LLC*1 MAC*2 1.物理层	层	定义事项	功能	
	4层	再发送控制	永久再尝试	
	2层 (LLC)	接收消息的选择 (可接收消息的过滤)	可点到点连接、广播、组播	
		过载通知	通知接收准备尚未完成	
		错误恢复功能	再次发送	
	2层 (MAC)	消息的帧化	有数据帧、遥控帧、错误帧和过载帧四种帧类型	
		连接控制方式	竞争方式 (支持多点传送)	
		数据冲突时的仲裁	根据仲裁,优先级高的ID可继续被发送	
		故障扩散抑制功能	自动判别暂时错误和持续错误,排除故障节点	
		错误通知	CRC错误、填充位错误、位错误、ACK错误、格式错误	
		错误检测	所有单元都可随时检测错误	
		应答方式	ACK、NACK两种	
		通信方式	半双工通信	
	1层	位编码方式	NRZ方式编码,6个位的插入填充位	
		位时序	位时序、位的采样数 (用户选择)	
		同步方式	根据同步段 (SS)实现同步(并具有再同步功能)	

图 5　ISO/OSI 基本参照模型和 CAN 协议

注：*1　LLC：Logical Link Control（逻辑链路控制）。
　　*2　MAC：Medium Access Control（媒介访问控制）。

在物理层定义了信号实际的发送方式、位时序、位的编码方式及同步的步骤。但具体地说，信号电平、通信速度、采样点、驱动器和总线的电气特性、连接器的形态等均未定义①。这些必须由用户根据系统需求自行确定。

7. CAN 协议及标准规格

7.1 ISO 标准化的 CAN 协议

CAN 协议经 ISO 标准化后有 ISO 11898 标准和 ISO 11519-2 标准两种。ISO 11898 和 ISO 11519-2 标准对于数据链路层的定义相同，但物理层不同。

（1）关于 ISO 11898。ISO 11898 是通信速度为 125 kb/s～1 Mb/s 的 CAN 高速通信标准。目前，ISO 11898 追加新规约后，成为 ISO 11898-1 新标准。

（2）关于 ISO 11519-2。ISO 11519 是通信速度为 125 kb/s 以下的 CAN 低速通信标准。ISO 11519-2 是 ISO 11519-1 追加新规约后的版本。

图 6 表示 CAN 协议和 ISO 11898 及 ISO 11519-2 标准的范围。

---

① 驱动器及总线的电气特性等在博世公司的 CAN 规格书中没有定义。但在 CAN 的 ISO 标准（ISO 11898、ISO 11519-2 等）中分别定义了总线及驱动器的电气特性等。

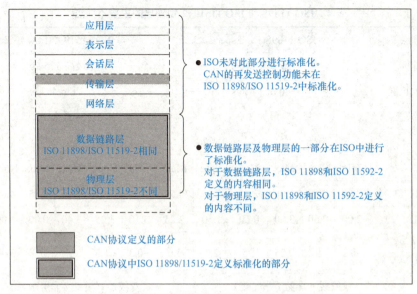

图 6　ISO 标准化的 CAN 协议

7.2　ISO 11898 和 ISO 11519-2 的不同点

（1）物理层的不同点。如图 6 所示，ISO 11898 和 ISO 11519-2 在 CAN 协议中物理层的标准有所不同。CAN 协议的物理层如图 7 所示，定义了 3 个子层，ISO 11898 和 ISO 11519-2 在物理层中的 PMA 层和 MDI 层有所不同。

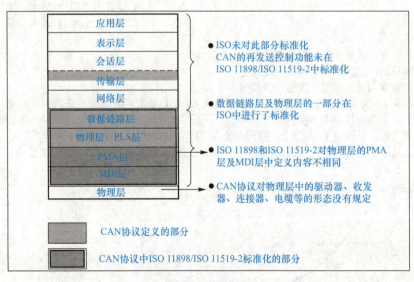

图 7　物理层

注：*1　PLS：Physical Signaling Sublayer（物理信号子层）。
　　*2　PMA：Physical Medium Attachment（物理介质连接）。
　　*3　MDI：Medium Dependent Interface（介质相关接口）。

在物理层（PMA 层、MDI 层），ISO 11898 和 ISO 11519-2 的主要不同点见表 4。

表 4　ISO 11898 和 ISO 11519-2 物理层的主要不同点

物理层	ISO 11898(High speed)						ISO 11519-2(Low speed)					
通信速度 *1	最高 1 Mb/s						最高 125 kb/s					
总线最大长度 *2	40 m/1 Mb/s						1 km/40 kb/s					
连接单元数	最大 30						最大 20					
总线拓扑 *3	隐性			显性			隐性			显性		
	Min	Nom.	Max	Min.	Nom	Max.	Min	Nom.	Max.	Min.	Nom.	Max
CANH（V）	2.00	2.50	3.00	2.75	3.50	4.50	1.60	1.75	1.90	3.85	4.00	5.00
CANL（V）	2.00	2.50	3.00	0.50	1.50	2.25	3.10	3.25	3.40	0.00	1.00	1.15
电位差（H−L）（V）	−0.5	0	0.05	1.5	2.0	3.0	−0.3	−1.5	—	0.3	3.00	—
	双绞线（屏蔽/非屏蔽） 闭环总线 阻抗(Z)：120 Ω（Min.85 Ω Max.130 Ω） 总线电阻率（r）：70 mΩ/m 总线延迟时间：5 ns/m 终端电阻：120 Ω（Min.85 Ω Max.130 Ω）						双绞线（屏蔽/非屏蔽） 开环总线 阻抗(Z)：120 Ω（Min.85 Ω Max.130 Ω） 总线电阻率（r）：90 mΩ/m 总线延迟时间：5 ns/m 终端电阻：2.20 kΩ（Min.2.09 kΩ Max.2.31 kΩ） CANL 与 GND 间静电容量　30 pF/m CANH 与 GND 间静电容量　30 pF/m CANL 与 GND 间静电容量　30 pF/m					

*1　通信速度：通信速度根据系统设定。
*2　总线长度：总线的长度根据系统设定。
　　通信速度和最大总线长度的关系如图 8 所示。
*3　总线拓扑：CAN 收发器根据两根总线（CANH 和 CANL）的电位差来判断总线电平。总线电平可分为显性电平和隐性电平两种。总线必须处于两种电平之一。总线上执行逻辑上的线"与"时，显性电平为"0"，隐性电平为"1"。物理层的特征如图 9 所示。

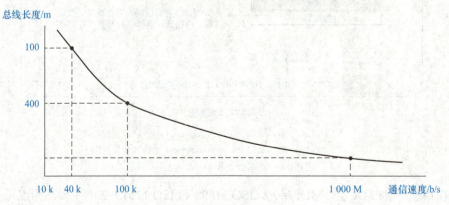

图 8　通信速度和最大总线长度

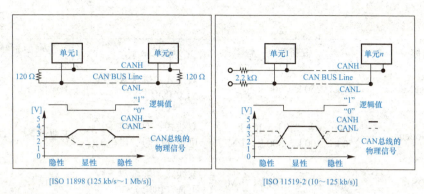

图 9　ISO 11898、ISO 11519-2 的物理层特征

（2）驱动 IC 的选择。ISO 11898 与 ISO 11519-2 的物理层的规格不同，每种规格需要有专门的驱动 IC 与之相对应。ISO 11898 及 ISO 11519-2 所对应的驱动 IC 见表 5。

表 5　ISO 11898 及 ISO 11519-2 所对应的驱动 IC

	ISO 11898	ISO 11519-2
驱动 IC	HA13721RPJE（RENESAS） PCA82C250（Philips） Si9200（Siliconix） CF15（Bosch）	PCA82C252（Philips） TJA1053（Philips） SN65LBC032（Texas Instruments）

7.3　CAN 和标准规格

不仅是 ISO，SAE[①] 等其他的组织、团体、企业也对 CAN 协议进行了标准化。

基于 CAN 的各种标准规格见表 6 及图 10 所示，面向汽车的通信协议以通信速度为准进行分类。

表 6　CAN 协议和标准规格

名称	波特率	规格	适用领域
SAE J1939-11	250 k	双线式、屏蔽双绞线	卡车、大客车
SAE J1939-12	250 k	双线式、屏蔽双绞线、12 V 供电	农用机械
SAE J2284	500 k	双线式、双绞线（非屏蔽）	汽车 （高速：动力、传动系统）
SAE J24111	33.3 k、83.3 k	单线式	汽车 （低速：车身系统）
NMEA-2000	62.5 k、125 k、250 k、500 k、1 M	双线式、屏蔽双绞线供电	船舶

---

① SAE：Society of Automotive Engineers。

续表

名称	波特率	规格	适用领域
DeviceNet	125 k、250 k、500 k	双线式、屏蔽双绞线 24 V 供电	工业设备
CANopen	10 k、20 k、50 k、125 k、250 k、500 k、800 k、1 M	双线式、双绞线 可选（屏蔽、供电）	工业设备
SDS	125 k、250 k、500 k、1 M	双线式、屏蔽双绞线 可选（供电）	工业设备

	Class*	通信速度	用途	协议	
电通信	Class A	~10 kb/s（车身系统）	灯光类、电动窗、门锁、电动椅、遥控门锁等	低速CAN（~125 kb/s）	• 各汽车厂商自有协议 • LIN
↕	Class B	10~125 kb/s（状态信息系统）	电子仪表、驾驶信息、自动空调、故障诊断		• J1850 • VAN
光通信	Class C	125 kb/s~1 Mb/s（实时控制系统）	发动机控制、变速器控制、刹车控制、悬挂控制、ABS等	高速CAN（125 kb/s~1 Mb/s）	• Safe-by-Wire
	Class D	5 Mb/s~（多媒体）			• D2B Optical • MOST • IEEE1394

图 10　通信协议分类

8. CAN 协议

8.1 帧的种类

通信是通过数据帧、遥控帧、错误帧、过载帧和帧间隔五种类型的帧进行的。

另外，数据帧和遥控帧有标准格式和扩展格式两种格式。标准格式有 11 个位的标识符（Identifier：以下称 ID）；扩展格式有 29 个位的 ID。

各种帧的种类及用途见表 7。

表 7　帧的种类及用途

帧	帧用途
数据帧	用于发送单元向接收单元传送数据的帧
遥控帧	用于接收单元向具有相同 ID 的发送单元请求数据的帧
错误帧	用于当检测出错误时向其他单元通知错误的帧
过载帧	用于接收单元通知其尚未做好接收准备的帧
帧间隔	用于将数据帧及遥控帧与前面的帧分离开来的帧

* Class：SAE 的分类名称。

8.2 数据帧

数据帧由 7 个段构成，如图 11 所示。

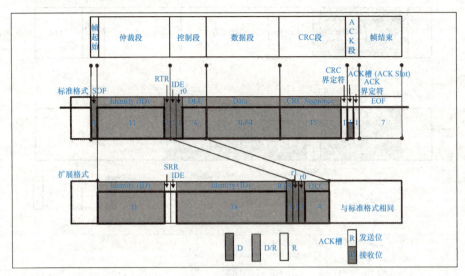

图 11 数据帧的构成

（1）帧起始（标准、扩展格式相同）表示帧开始的段。1 个位的显性位如图 12 所示。

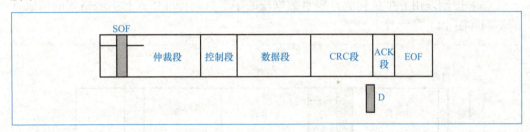

图 12 数据帧（帧起始）

显性电平和隐性电平

总线上的电平有显性电平和隐性电平两种。总线上执行逻辑上的线"与"时，显性电平的逻辑值为"0"；隐性电平为的逻辑值为"1"。

"显性"具有"优先"的意味，只要有一个单元输出显性电平，总线上即显性电平。并且，"隐性"具有"包容"的意味，只有所有的单元都输出隐性电平，总线上才为隐性电平（显性电平比隐性电平更强）。

（2）仲裁段表示数据的优先级的段。标准格式和扩展格式在此的构成有所不同（图 13）。

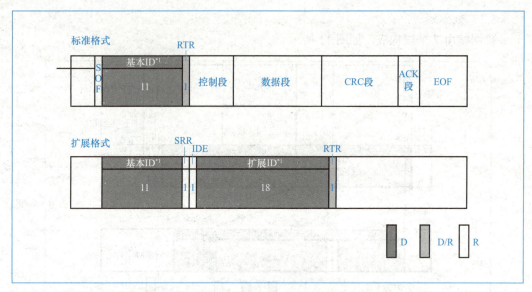

图 13 数据帧（仲裁段）

注：*1 ID：标准格式的 ID 有 11 个位。从 ID28 到 ID18 被依次发送。禁止高 7 位都为隐性（禁止设定：ID = 1111111××××）。

扩展格式的 ID 有 29 个位。基本 ID 从 ID28 到 ID18，扩展 ID 由 ID17 到 ID0 表示。基本 ID 和标准格式的 ID 相同。禁止高 7 位都为隐性（禁止设定：基本 ID = 1111111××××）。

（3）控制段由 6 个位构成，表示数据段的字节数。标准格式和扩展格式的构成有所不同（图 14）。

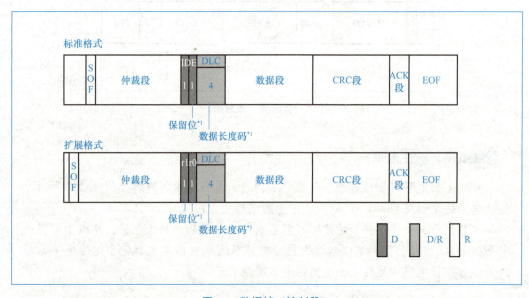

图 14 数据帧（控制段）

注：*1 保留位（r0、r1）：保留位必须全部以显性电平发送。但接收方可以接收显性、隐性及其任意组合的电平。

*2 数据长度码（DLC）：数据长度码与数据的字节数的对应关系见表 8。

数据的字节数必须为 0～8 字节。但接收方对 DLC = 9～15 的情况并不视为错误。

表 8　数据长度码和字节数的关系

数据字节数	数据长度码			
	DLC3	DLC2	DLC1	DLC0
0	D	D	D	D
1	D	D	D	R
2	D	D	R	D
3	D	D	R	R
4	D	R	D	D
5	D	R	D	R
6	D	R	R	D
7	D	R	R	R
8	R	D	D	D

注：D：显性电平；R：隐性电平。

（4）数据段（标准、扩展格式相同）可包含 0～8 字节的数据。从 MSB（最高位）开始输出（图 15）。

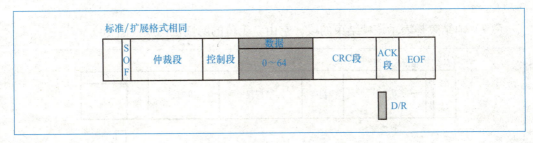

图 15　数据帧（数据段）

（5）CRC 段（标准/扩展格式相同）是检查帧传输错误的帧。由 15 个位的 CRC 顺序①和 1 个位的 CRC 界定符（用于分隔的位）构成（图 16）。

图 16　数据帧（CRC 段）

---

① CRC 顺序：是根据多项式生成的 CRC 值，CRC 的计算范围包括帧起始、仲裁段、控制段、数据段。接收方以同样的算法计算 CRC 值并进行比较，不一致时会通报错误。

（6）ACK 段用来确认是否正常接收。由 ACK 槽（ACK Slot）和 ACK 界定符 2 个位构成（图 17）。

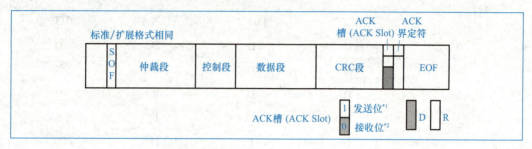

图 17　数据帧（ACK 段）

*1　发送单元的 ACK 段：发送单元在 ACK 段发送 2 个位的隐性位。
*2　接收单元的 ACK 段：接收到正确消息的单元在 ACK 槽（ACK Slot）发送显性位，通知发送单元正常接收结束，这称作"发送 ACK"或"返回 ACK"。

发送 ACK

发送 ACK 的是在既不处于总线关闭状态也不处于休眠状态的所有接收单元中，接收到正常消息的单元（发送单元不发送 ACK）。所谓正常消息是指不含填充错误、格式错误、CRC 错误的消息。

（7）帧结束是表示该帧结束的段。它由 7 个位的隐性位构成（图 18）。

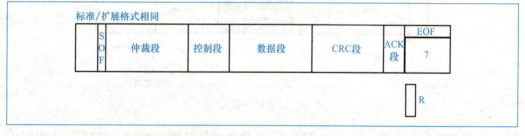

图 18　数据帧（帧结束）

8.3　遥控帧

遥控帧是接收单元向发送单元请求发送数据所用的帧。遥控帧由 6 个段组成。遥控帧没有数据帧的数据段。遥控帧的构成如图 19 所示。

（1）帧起始（SOF）。表示帧开始的段。
（2）仲裁段。表示该帧优先级的段。可请求具有相同 ID 的数据帧。
（3）控制段。表示数据的字节数及保留位的段。
（4）CRC 段。检查帧的传输错误的段。
（5）ACK 段。表示确认正常接收的段。
（6）帧结束。表示遥控帧结束的段。

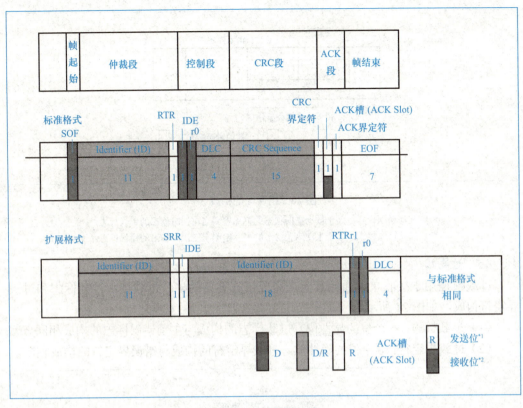

图 19 遥控帧的构成

遥控帧和数据帧

（1）遥控帧和数据帧的不同。

1）遥控帧的 RTR 位为隐性位，没有数据段。

2）没有数据段的数据帧和遥控帧可通过 RTR 位区别开。

（2）遥控帧没有数据段，遥控帧的数据长度码以所请求数据帧的数据长度码表示。

（3）没有数据段的数据帧，可用于各单元的定期连接确认/应答或仲裁段本身带有实质性信息的情况下。

8.4 错误帧

错误帧用于在接收和发送消息时检测出错误通知错误的帧。错误帧由错误标志和错误界定符构成，如图 20 所示。

（1）错误标志。错误标志包括主动错误标志和被动错误标志两种。

1）主动错误标志：6 个位的显性位。

2）被动错误标志：6 个位的隐性位。

（2）错误界定符。错误界定符由 8 个位的隐性位构成。

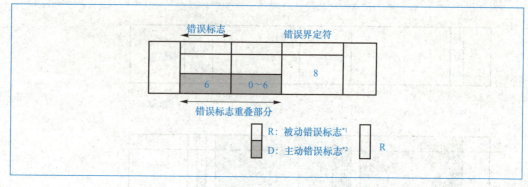

图 20 错误帧的构成

*1 被动错误标志：处于被动错误状态的单元检测出错误时输出的错误标志。
*2 主动错误标志：处于主动错误状态的单元检测出错误时输出的错误标志。

8.5 过载帧

过载帧是用于接收单元通知其尚未完成接收准备的帧。过载帧由过载标志和过载界定符构成，如图 21 所示。

（1）过载标志：6 个位的显性位。过载标志的构成与主动错误标志的构成相同。

（2）过载界定符：8 个位的隐性位。过载界定符的构成与错误界定符的构成相同。

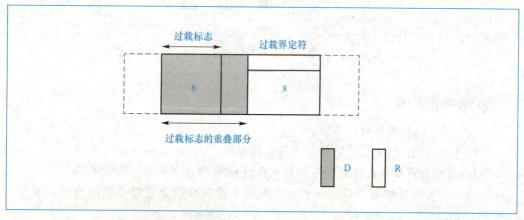

图 21 过载帧的构成

8.6 帧间隔

帧间隔是用于分隔数据帧和遥控帧的帧。数据帧和遥控帧可通过插入帧间隔将本帧与前面的任何帧（数据帧、遥控帧、错误帧、过载帧）分开。过载帧和错误帧前不能插入帧间隔。帧间隔的构成如图 22 所示。

（1）间隔：3 个位的隐性位。

（2）总线空闲：隐性电平，无长度限制（0 也可）。本状态下，可视为总线空闲，要发送的单元可开始访问总线。

（3）延迟传送（发送暂时停止）：8 个位的隐性位。只在处于被动错误状态的单元刚发送一个消息后的帧间隔中包含的段。

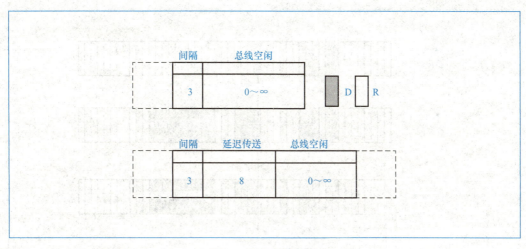

图 22　帧间隔的构成

8.7　优先级的决定

在总线空闲状态，最先开始发送消息的单元获得发送权。多个单元同时开始发送时，各发送单元从仲裁段的第一位开始进行仲裁。连续输出显性电平最多的单元可继续发送。仲裁的过程如图 23 所示。

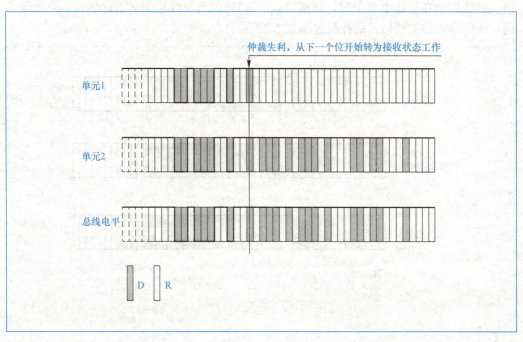

图 23　仲裁的过程

（1）数据帧和遥控帧的优先级：具有相同 ID 的数据帧和遥控帧在总线上竞争时，仲裁段的最后一位（RTR）为显性位的数据帧具有优先权，可继续发送。数据帧和遥控帧的仲裁过程如图 24 所示。

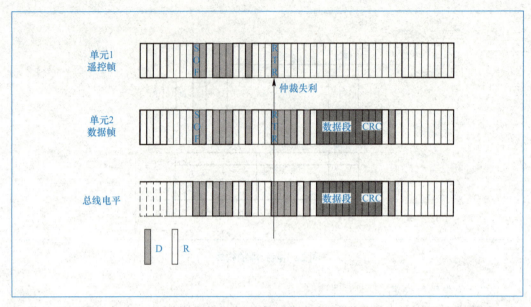

图 24 数据帧和遥控帧的仲裁过程

（2）标准格式和扩展格式的优先级：标准格式 ID 与具有相同 ID 的遥控帧或扩展格式的数据帧在总线上竞争时，标准格式的 RTR 位为显性位的具有优先权，可继续发送。标准格式和扩展格式的仲裁过程如图 25 所示。

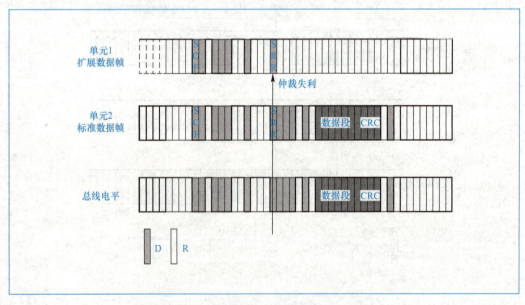

图 25 标准格式和扩展格式的仲裁过程

8.8 位填充

位填充是为防止突发错误而设定的功能。当同样的电平持续 5 位时则添加一个位的反型数据。位填充的构成如图 26 所示。

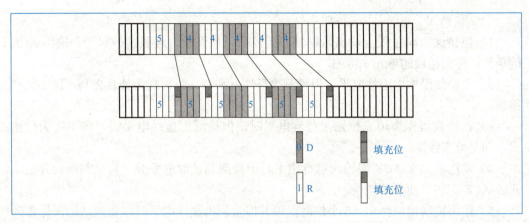

图 26 位填充的构成

（1）发送单元的工作：在发送数据帧和遥控帧时，SOF～CRC 段之间的数据，相同电平如果持续 5 位，在下一个位（第 6 个位）则要插入 1 位与前 5 位反型的电平。

（2）接收单元的工作：在接收数据帧和遥控帧时，SOF～CRC 段之间的数据，相同电平如果持续 5 位，需要删除下一个位（第 6 个位）再接收。如果第 6 个位的电平与前 5 位相同，将被视为错误并发送错误帧。

8.9 错误的种类

错误有位错误、填充错误、CRC 错误、格式错误和 ACK 错误五种。多种错误可能同时发生。

错误的种类、错误的内容、错误检测帧和检测单元见表 9。

表 9 错误的种类、错误的内容、错误的检测帧和检测单元

错误的种类	错误的内容	错误的检测帧（段）	检测单元
位错误	比较输出电平和总线电平（不含填充位），当两电平不一样时所检测到的错误	数据帧（SOF～EOF） 遥控帧（SOF～EOF） 错误帧 过载帧	发送单元 接收单元
填充错误	在需要位填充的段内，连续检测到 6 位相同的电平时所检测到的错误	数据帧（SOF～CRC 顺序） 遥控帧（SOF～CRC 顺序）	发送单元 接收单元
CRC 错误	从接收到的数据计算出的 CRC 结果与接收到的 CRC 顺序不同时所检测到的错误	数据帧（CRC 顺序） 遥控帧（CRC 顺序）	接收单元
格式错误	检测出与固定格式的位段相反的格式时所检测到的错误	数据帧（CRC 界定符、ACK 界定符、EOF） 遥控帧（CRC 界定符、ACK 界定符、EOF） 错误界定符 过载界定符	接收单元
ACK 错误	发送单元在 ACK 槽（ACK Slot）中检测出隐性电平时所检测到的错误（ACK 没被传送过来时所检测到的错误）	数据帧（ACK 槽） 遥控帧（ACK 槽）	发送单元

(1) 位错误。

1) 位错误由向总线上输出数据帧、遥控帧、错误帧、过载帧的单元和输出 ACK 的单元、输出错误的单元来检测。

2) 在仲裁段输出隐性电平,但检测出显性电平时,将被视为仲裁失利,而不是位错误。

3) 在仲裁段作为填充位输出隐性电平时,但检测出显性电平时,将不视为位错误,而是填充错误。

4) 发送单元在 ACK 段输出隐性电平,但检测到显性电平时,将被判断为其他单元的 ACK 应答,而非位错误。

5) 输出被动错误标志(6 个位隐性位)但检测出显性电平时,将遵从错误标志的结束条件,等待检测出连续相同 6 个位的值(显性或隐性),并不视为位错误。

(2) 格式错误。

1) 即使接收单元检测出 EOF(7 个位的隐性位)的最后一位(第 8 个位)为显性电平,也不视为格式错误。

2) 即使接收单元检测出数据长度码(DLC)中 9~15 的值时,也不视为格式错误。

8.10 错误帧的输出

检测出满足错误条件的单元输出错误标志通报错误。

处于主动错误状态的单元输出的错误标志为主动错误标志;处于被动错误状态的单元输出的错误标志为被动错误标志。

发送单元发送完错误帧后,将再次发送数据帧或遥控帧。

错误标志输出时序见表 10。

表 10 错误标志输出时序

错误的种类	输出时序
位错误 填充错误 格式错误 ACK 错误	从检测出错误后的下一位开始输出错误标志
CRC 错误	ACK 界定符后的下一位开始输出错误标志

8.11 位时序

由发送单元在非同步的情况下发送的每秒钟的位数称为位速率。一个位可分为同步段(SS)、传播时间段(PTS)、相位缓冲段 1(PBS1)和相位缓冲段 2(PBS2)4 段。这些段又由可称为 Time quantum(以下简称 Tq)的最小时间单位构成。

1 位可分为 4 个段,每个段又由若干个 Tq 构成,称为位时序。

1 位由多少个 Tq 构成,每个段又由多少个 Tq 构成等,可以任意设定位时序。通过设定位时序,多个单元可同时采样,也可任意设定采样点。

各段的作用和 Tq 数见表 11。1 个位的构成如图 27 所示。

表 11　各段的作用和 Tq 数

段名称	段的作用	Tq 数	
同步段 （SS：Synchronization Segment）	多个连接在总线上的单元通过此段实现时序调整，同步进行接收和发送的工作。由隐性电平到显性电平的边沿或由显性电平到隐性电平边沿最好出现在此段中	1 Tq	
传播时间段 （PTS：Propagation Time Segment）	用于吸收网络上的物理延迟的段。 所谓的网络上的物理延迟是指发送单元的输出延迟、总线上信号的传播延迟、接收单元的输入延迟。这个段的时间为以上各延迟时间的和的两倍	1～8 Tq	8～25 Tq
相位缓冲段 1 （PBS1：Phase Buffer Segment 1）	当信号边沿不能被包含于 SS 段中时，可在此段进行补偿。由于各单元以各自独立的时钟工作，细微的时钟误差会累积起来，PBS 段可用于吸收此误差。	1～8 Tq	
相位缓冲段 2 （PBS2：Phase Buffer Segment 2）	通过对相位缓冲段加减 SJW 吸收误差。SJW 加大后允许误差加大，但通信速度下降	2～8 Tq	
再同步补偿宽度 （SJW：reSynchronization Jump Width）	因时钟频率偏差、传送延迟等，各单元有同步误差。SJW 为补偿此误差的最大值	1～4 Tq	

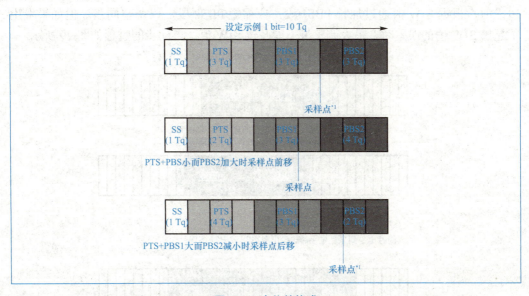

图 27　1 个位的构成

*1　所谓采样点是读取总线电平，并将读到的电平作为位值的点。位置在 PBS1 结束处。

8.12　取得同步的方法

CAN 协议的通信方法为 NRZ（Non-Return to Zero）方式。各个位的开头或结尾都没有附加同步信号。发送单元以与位时序同步的方式开始发送数据。另外，接收单元根据总线上电平的变化进行同步并进行接收工作。但是，发送单元和接收单元存在的时钟频率误差及传输路径上的（电缆、驱动器等）相位延迟会引起同步偏差。因此，接收单元通过硬件同步或再同步的方法调整时序进行接收。

8.13 硬件同步

硬件同步是接收单元在总线空闲状态检测出帧起始时进行的同步调整。在检测出边沿的地方不考虑 SJW 的值而认为是 SS 段。硬件同步的过程如图 28 所示。

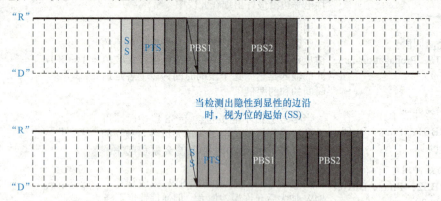

图 28　硬件同步的过程

8.14 再同步

再同步是在接收过程中检测出总线上的电平变化时进行的同步调整。每当检测出边沿时，根据 SJW 值通过加长 PBS1 段，或缩短 PBS2 段，以调整同步。但如果发生了超出 SJW 值的误差时，最大调整量不能超过 SJW 值。再同步的过程如图 29 所示。

图 29　再同步的过程

8.15　调整同步的规则

硬件同步和再同步遵从以下规则：

（1）1个位中只进行一次同步调整。

（2）只有当上次采样点的总线值和边沿后的总线值不同时，该边沿才能用于调整同步。

（3）在总线空闲且存在隐性电平到显性电平的边沿时，则一定要进行硬件同步。

（4）在总线非空闲时检测到的隐性电平到显性电平的边沿如果满足条件（1）和（2），将进行再同步。

（5）发送单元观测到自身输出的显性电平有延迟时不进行再同步。

（6）发送单元在帧起始到仲裁段有多个单元同时发送的情况下，对延迟边沿不进行再同步。

参考文献

[1] 赵振宁. 汽车基本电气结构原理与检修 [M]. 北京：电子工业出版社，2017.
[2] 德国 BOSCH 公司. BOSCH 汽车工程手册 [M]. 2版. 顾柏良，等译. 北京：北京理工大学出版社，2004.
[3] 赵振宁. 汽车电控发动机原理与检修 [M]. 北京：北京理工大学出版社，2007.
[4] http //www.renesas.com。
[5] 奥迪汽车电路图和大众速腾汽车培训。

汽车总线技术应用基础

学习评价手册

北京理工大学出版社
BEIJING INSTITUTE OF TECHNOLOGY PRESS

第一章 汽车通信技术活页式工单

第一节 汽车通信技术概述活页式工单

一、汽车通信的必要性

_____
_____
_____

二、数据传输的特点

_____
_____
_____

三、串行异步通信技术

(1) 图 1-3 所示为串行同步通信示意。

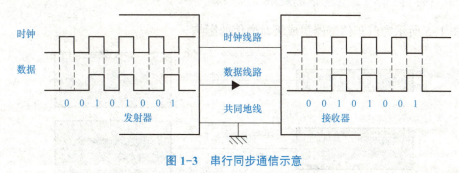

图 1-3 串行同步通信示意

写出串行同步通信原理。
_____
_____
_____

（2）图 1-4 所示为串行异步通信示意。

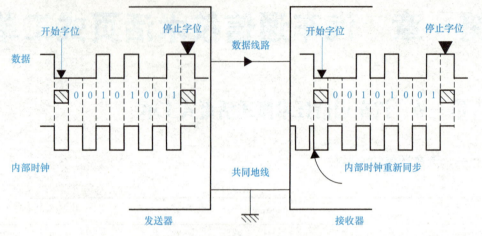

图 1-4　串行异步通信示意

写出串行异步通信原理。

_____

_____

_____

_____

_____

四、传感器集成级对通信的影响

图 1-5 所示为汽车传感器集成级对通信的影响。

图 1-5　汽车传感器集成级对通信的影响

写出传感器集成级对通信的影响。

五、汽车网络可用的传输介质

写出汽车网络可用的传输介质优点和缺点。

1. 双绞线

2. 光导纤维

3. 同轴电缆

六、LIN、CAN 和 MOST 各自特点

第二章 LIN 总线活页式工单

第一节 LIN 总线概述

一、LIN 总线简介

_____
_____
_____
_____

二、LIN 总线的主要特性

_____
_____
_____
_____

三、LIN 总线的通信规则

_____
_____
_____
_____

四、LIN 总线的应用场合

_____
_____
_____

第二节　LIN 端口工作原理活页式工单

一、LIN 端口简化原理

图 2-11 所示为 LIN 总线的接口电路简化图。

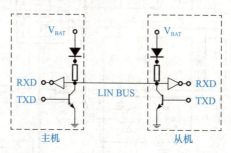

图 2-1　LIN 总线的接口电路简化图

写出图 2-1 所示 LIN 总线的接口电路简化原理。

_____
_____
_____
_____
_____

二、典型 LIN 接口芯片原理

图 2-3 所示为 LIN 总线 0 V 脉冲的形成。
写出图 2-3 所示 LIN 总线 0 V 脉冲的形成过程。

_____
_____
_____
_____
_____

图 2-4 所示为 LIN 总线 12 V 脉冲的形成。
写出图 2-4 所示 LIN 总线 12 V 脉冲的形成过程。

_____
_____
_____

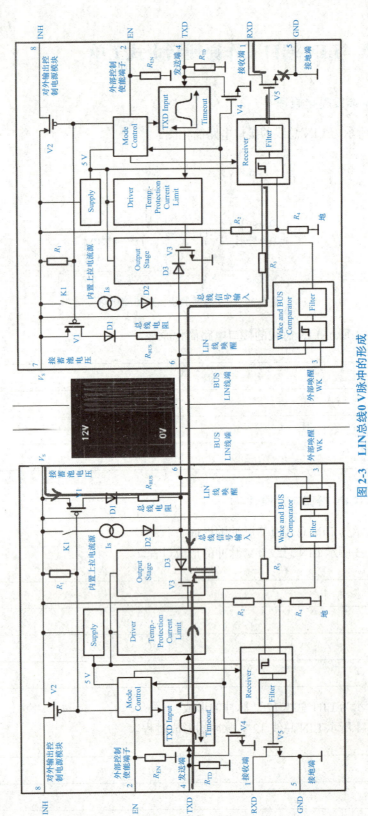

图 2-3 LIN 总线 0 V 脉冲的形成

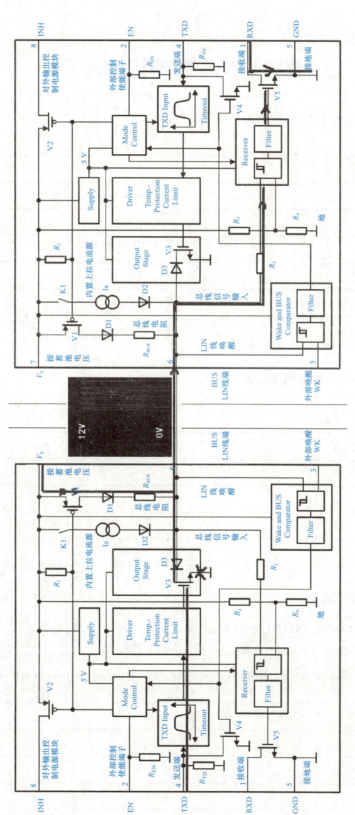

图 2-4 LIN 总线 12 V 脉冲的形成

第三节 电动座椅 LIN 总线控制活页式工单

一、电动座椅 LIN 总线控制

二、带 LIN 总线接口的微控制芯片

MLX81150 芯片主要性能参数如下：

三、典型应用电路

图 2-7 所示为 MLX81150 典型应用电路。
写出图 2-7 所示 MLX81150 典型应用电路的工作原理。

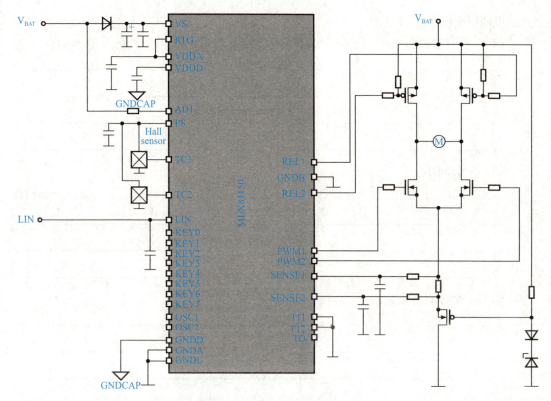

图 2-7 MLX81150 典型应用电路

第四节 汽车车门 LIN 总线通信模块活页式工单

一、LIN 报文帧

画出报文帧图。

说明报文帧。

（1）一个空白场。

___

___

___

___

（2）一个同步场。

___

___

___

___

（3）一个标识符场。

___

___

___

___

（4）响应。

___

___

___

___

二、XC886 单片机

画出车门控制系统的结构框图。

三、TLE7259 芯片

图 2-11 所示为 LIN 驱动模块收发器电路。
写出 TLE7259 芯片的端口功能。

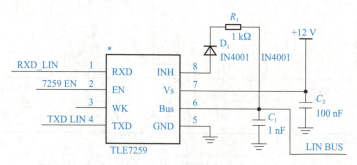

图 2-11　LIN 驱动模块收发器电路

第五节　LIN 总线的自动寻址原理活页式工单

一、LIN 总线的自动寻址

二、LIN 总线自动寻址原理

图 2-13 所示为自动空调翻板电机的 LIN 总线自动寻址原理图。

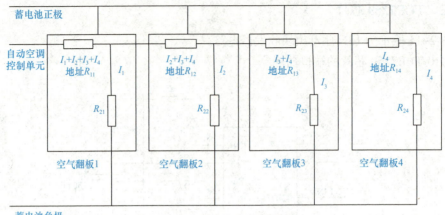

图 2-13 自动空调翻板电机的 LIN 总线自动寻址原理图

写出自动空调翻板电机的 LIN 总线自动寻址原理。

_____
_____
_____
_____
_____

第六节　LIN 总线自诊断及故障活页式工单

一、LIN 总线自诊断功能

填写表 2-3 LIN 总线自诊断功能中的故障原因。

表 2-3　LIN 总线自诊断功能

故障位置	故障内容	故障原因
LIN-从控制单元，如鼓风机调节器	无信号/无法通信	
	不可靠信号	

二、LIN 总线故障

1. 电源故障

_____
_____
_____
_____
_____

2. 线路故障

_____
_____
_____
_____
_____

3. 元件故障

_____
_____
_____
_____
_____

第八节　大众汽车 LIN 总线实训指导书

一、实训目的

学会使用大众的专用测量仪器 VAS6356 和诊断仪器 VAS6150B 进行 LIN 总线波形的测量与分析。

二、实训工具

（1）VAS6356 测量仪器。
（2）VAS6150B 诊断仪器。
（3）诊断线束 1594D。
（4）大众迈腾 B7 轿车 1 辆（右后车窗通信故障）。
（5）维修工具车 1 辆（含有常用工具）。

三、技术资料

（1）大众 TEIS 维修手册。
（2）实习、实训指导书。
（3）相关教学视频与软件资料。

四、实训内容

（1）VAS6356 测量仪器和 VAS6150B 诊断仪器按照面板上的端口标识连接即可或按照维修手册的指导连接。
（2）测量 LIN 线电阻。
（3）绘制 LIN 总线波形图，并画出波形。

五、实训记录

（1）测量 LIN 线电阻。

	对地电阻	对正极电阻	线内是否断路
LIN 总线			

（2）绘制出 LIN 总线波形图。

六、实训时间

45 min。

七、实操评价

序号	评价项目	考核内容	配分	评价标准	得分
1	资料查询	工艺、资料的获取	10分	正确地按照实操车型选取技术文件资料	
2	实操准备	常、专用工具的准备	5分	正确地准备实操所需的常用与专用工具	
		各检测设备连接	20分	根据各检测设备功能、按照诊断仪提示的连接方法正确地连接各检测设备	
3	实操实施	电压测量	20分	识读电路图、正确地测量LIN总线电压	
		波形测量	30分	会使用诊断工具读取LIN线的电压	
4	5S与安全	5S	10分	能保持实操现场的整洁、工具与设备的整理	
		安全	5分	车辆安全	
5	分数				

第三章　CAN 总线活页式工单

第一节　CAN 总线概述活页式工单

一、CAN 总线产生与发展

二、CAN 总线七层

第二节　低速 CAN 工作原理活页式工单

低速 CAN 端口数据和脉冲电压

完成表 3-3 低速 CAN 的数据和脉冲电压对应关系。

表 3-3　低速 CAN 的数据和脉冲电压对应关系

CAN		显性（0）	隐性（1）
低速 CAN	CANH		
	CANL		

写出图 3-7 正常低速 CAN 总线波形的特征。

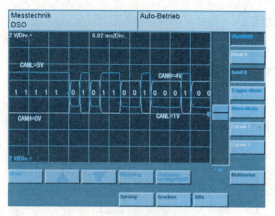

图 3-7 正常低速 CAN 总线波形

第三节　高速 CAN 总线工作原理活页式工单

一、端口收发器

图 3-8 所示为高速 CAN 收发器芯片 TJA1050 的内部原理图。

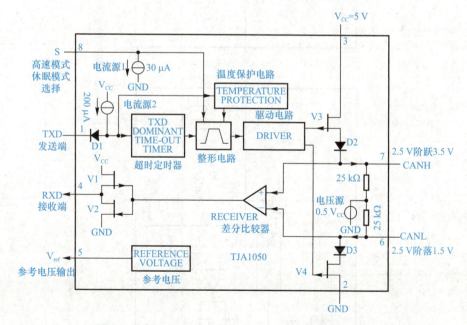

图 3-8　高速 CAN 收发器芯片 TJA1050 的内部原理图

写出图 3-8 所示高速 CAN 收发器芯片 TJA1050 的内部原理。

_____

_____

二、端口工作原理

1. 数据 1 的发送与接收

图 3-9 所示为 TJA1050 端口数据 1 的发送与接收工作原理图。

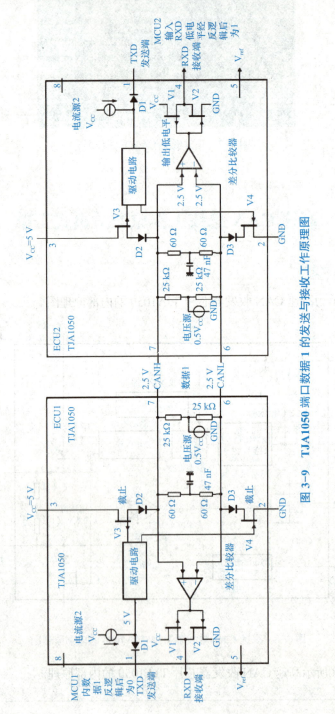

图 3-9 TJA1050 端口数据 1 的发送与接收工作原理图

写出图 3-9 所示 TJA1050 端口数据 1 的发送与接收工作原理。

2. 数据 0 的发送与接收

图 3-10 所示为 TJA1050 端口数据 0 的发送与接收工作原理图。

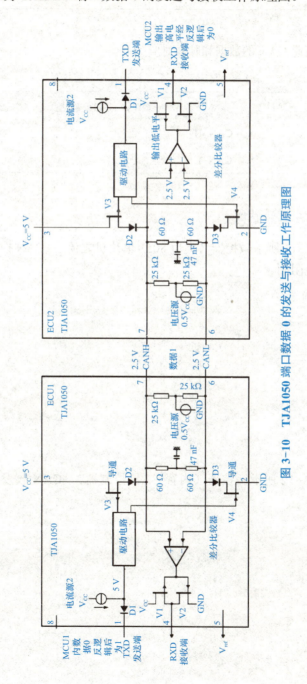

图 3-10 TJA1050 端口数据 0 的发送与接收工作原理图

写出图 3-10 所示 TJA1050 端口数据 0 的发送与接收工作原理。

_____
_____
_____
_____

3. 显性和隐性

完成表 3-4 高速 CAN 的数据和脉冲对应关系。

表 3-4　高速 CAN 的数据和脉冲对应关系

CAN		显性（0）	隐性（1）
高速 CAN	CAN-H		
	CAN-L		

三、高速 CAN 网络结构

（1）画出图 3-11 所示微控器（类似 8051 单片机之流）+CAN 控制器 +CAN 收发器 + 端（终端）电阻图。

（2）画出图 3-12 所示微控器（内置 CAN 控制器）+CAN 收发器 + 端（终端）电阻图。

第四节　网关（Gateway）活页式工单

一、网段

图 3-13 所示为高速 500 kb/s 网段和低速 125 kb/s 网络的速率和总线波形。

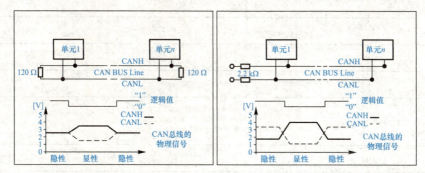

图 3-13　高速 500 kb/s 网段和低速 125 kb/s 网络的速率和总线波形

根据图 3-13 写出高速网和低速网的特点。

_____
_____
_____
_____

二、网关作用

1. 不同网段的信息交换

_____
_____
_____

2. 改变信息优先级

_____
_____
_____

三、网关要编码原因

_____
_____

第五节　CAN 总线电阻活页式工单

一、总线终端电阻原则

1. 端电阻

_____

_____

_____

_____

2. 终端电阻

_____

_____

_____

_____

3. 总线终端电阻的原则

_____

_____

_____

_____

二、终端电阻测量

_____

_____

_____

_____

三、CAN 总线颜色

［完成任务］写出动力总线的颜色：
CANH:_____；CANL:_____。

［完成任务］写出舒适总线的颜色：
CANH:_____；CANL:_____。

［完成任务］写出信息总线的颜色：
CANH:_____；CANL:_____。

第六节　CAN 总线诊断与检修活页式工单

一、CAN 总线自诊断

1. 与 CAN 总线系统相关的 ECU 工作状态描述

_____
_____
_____

（1）上电诊断状态。

_____
_____
_____

（2）正常工作状态。

_____
_____
_____

（3）休眠状态。

_____
_____
_____

（4）总线关闭状态。

_____
_____
_____

（5）掉电状态。

_____
_____
_____

（6）调试及编程状态。

_____
_____
_____

2．CAN 双线式总线系统的检测方法

（1）CAN 双线式总线系统。

（2）两个控制单元组成的双线式数据总线系统的检测。

（3）三个以上控制单元组成的双线式数据总线系统的检测。

二、总线睡眠和唤醒

1．总线睡眠

2．总线激活

3．睡眠和唤醒模式的监控

第七节　CAN 总线数据流和示波诊断活页式工单

一、网关数据块

_____
_____
_____
_____

二、波形特征

_____
_____
_____
_____

三、DSO 设置

_____
_____
_____
_____

七、CAN 总线的维修

[完成任务] 取一段双绞线给学生实习，教师检查学生们维修的双绞线是否合格。在线束接头维修中要用到大众专用工具 VAS1978 和 VAS1978/35。

写出维修心得：
_____
_____
_____
_____
_____
_____

第八节　CAN 总线的帧格式活页式工单

一、CAN 协议

_____
_____
_____

二、帧的种类

_____
_____
_____

三、数据帧的构成

图 3-31 所示为数据帧的构成。

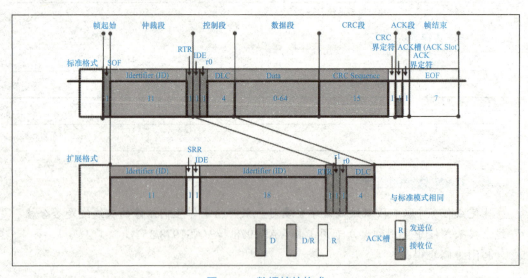

图 3-31　数据帧的构成

数据帧构成的描述。
（1）帧起始。

_____
_____
_____

（2）仲裁段。

（3）控制段。

（4）数据段。

（5）CRC 段。

（6）ACK 段。

（7）帧结束。

四、数据帧的信息结构

1. 开始域

2. 状态域

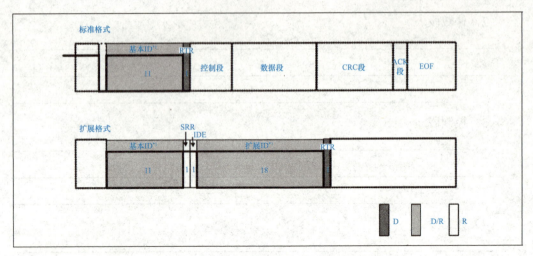

图 3-32 数据帧(仲裁段)

3. 控制段(检查段)

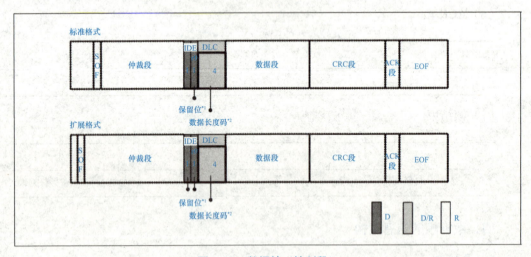

图 3-33 数据帧(控制段)

4. 数据段（标准/扩展格式相同）

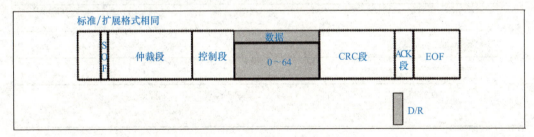

图 3-34 数据帧（数据段）

5. CRC 段（标准/扩展格式相同）

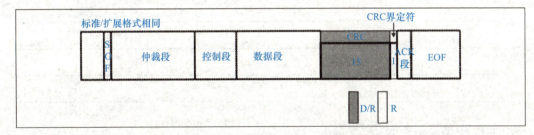

图 3-35 数据帧（CRC 段）

6. ACK 段

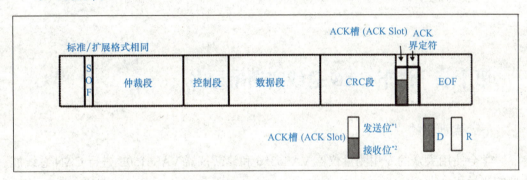

图 3-36 数据帧（ACK 段）

7. 帧结束

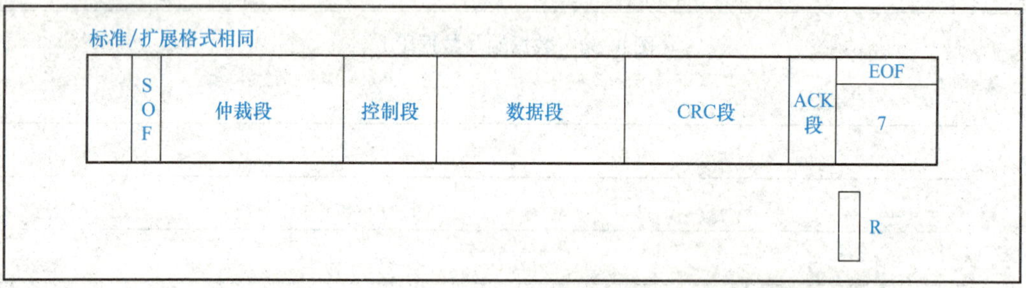

标准/扩展格式相同						
S O F	仲裁段	控制段	数据段	CRC段	ACK 段	EOF 7
						R

图 3-37 数据帧（帧结束）

五、优先权判定方法

第十节　汽车 CAN 总线实训指导书

一、实训目的

学会使用大众的专用测量仪器 VAS6356 和诊断仪器 VAS6150B 进行 CAN 总线波形的测量和分析。

二、实训工具

（1）VAS6356 测量仪器。
（2）VAS6150B 诊断仪器。
（3）诊断线束 1594D。
（4）大众迈腾 B7 车 1 辆（配有高速和低速总线）。
（5）维修工具车 1 辆（含有常用工具）。

三、技术资料

（1）大众 TEIS 维修手册。
（2）实习、实训指导书。
（3）相关教学视频与软件资料。

四、实训内容

（1）VAS6356 测量仪器和 VAS6150B 诊断仪器按照面板上的端口标识连接即可或按照维修手册的指导连接。
（2）测量高速 CAN 总线总电阻、电压，并绘制出波形图。
（3）测量低速 CAN 总线总电阻、电压，并绘制出波形图。

五、实训记录

1. 测量 CAN 线电阻

项目		总电阻	终端电阻	端电阻	对地电阻	对正极电阻	线间电阻
高速 CAN	CANH						
	CANL						
低速 CAN	CANH						
	CANL						

2. 测量 CAN 线电压及波形

项目		对地电压	示波时基	示波幅值
高速 CAN	CANH			
	CANL			
低速 CAN	CANH			
	CANL			

3. 绘制出波形图

(1) 绘制低速 CAN 波形图。

(2) 绘制高速 CAN 波形图。

六、实训时间

90 min。

七、实操评价

序号	评价项目	考核内容	配分	评价标准	得分
1	资料查询	工艺、资料的获取	10 分	正确地按照实操车型选取技术文件资料	
2	实操准备	常、专用工具的准备	5 分	正确地准备实操所需的常用与专用工具	
		各检测设备连接	20 分	根据各检测设备功能、按照诊断仪提示的连接方法正确地连接各检测设备	
3	实操实施	电阻、电压测量	20 分	识读电路图、正确地测量 CAN 线电阻、电压	
		波形测量	30 分	会使用诊断工具读取 CAN 线的电压	
4	5S 与安全	5S	10 分	能保持实操现场的整洁、工具与设备的整理	
		安全	5 分	车辆安全	
5	分数				

第四章　Flexray 总线活页式工单

第一节　Flexray 总线概述活页式工单

一、Flexray 产生及发展

二、Flexray 基本原理

三、Flexray 特点

四、Flexray 与 CAN 的区别

第二节　Flexray 端口工作原理活页式工单

一、Flexray 芯片端口

写出图 4-1 Flexray 芯片 NCV7381 在汽车电脑板上的外围电路工作原理。

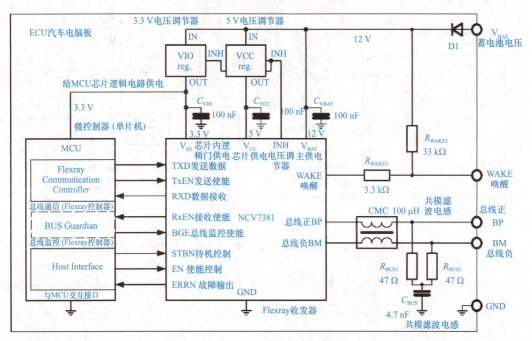

图 4-1　Flexray 芯片 NCV7381 在汽车电脑板上的外围电路

_____

_____

_____

_____

二、Flexray 总线电压

画出 Flexray 的波形图。

下面用收发器芯片 NCV7381 为例来说明电压和数据的关系。

1. 正常模式空闲状态 (Idle)

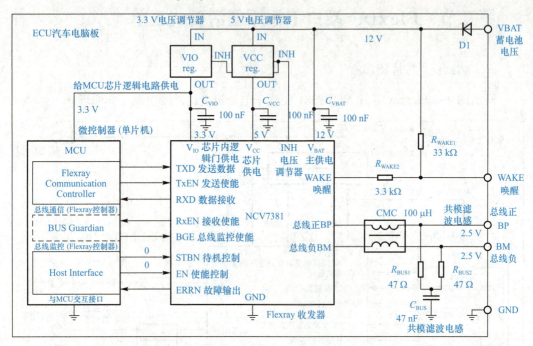

图 4-5 待机状态（Idle）总线 BP=2.5 V 和 BM=2.5 V

2. 发送数据 0

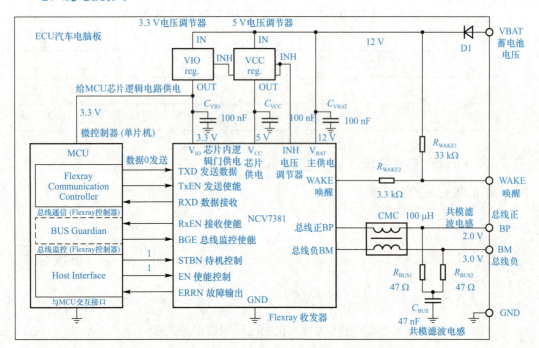

图 4-6 发送数据 0 时的电压脉冲 BP=2.0 V 和 BM=3.0 V

3. 发送数据 1

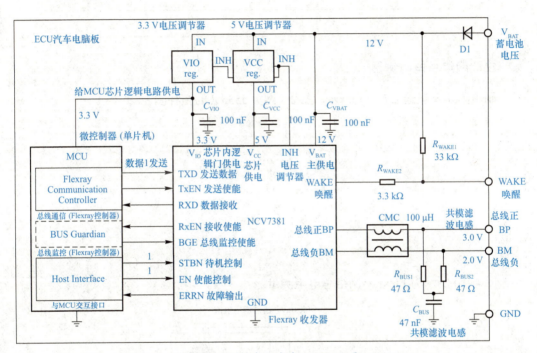

图 4-7 发送数据 1 时的电压脉冲 BP=3.0 V 和 BM=2.0 V

三、Flexray 工作原理

第三节　Flexray 总线电阻测量活页式工单

一、网络总电阻原则

_____

_____

二、网络总电阻测量

画出图 4-9 奥迪 C7 的 Flexray 总线（网关 J533）的拓扑图。

图 4-10 所示为 Flexray 网络总电阻测量。

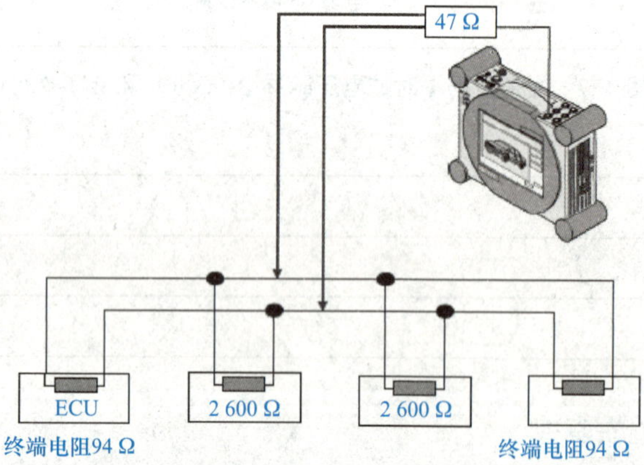

图 4-10　Flexray 网络总电阻测量

写出图4-10所示的网络总电阻测量的大众汽车具体操作方法和实际应用的辅助工具。

_____

_____

_____

三、总线电阻测量

1．网络总电阻测量

2．总线正极和负极电阻测量

3．干路总线与支路总线的断路测量

第四节 Flexray 总线示波测量问题

一、总线脉冲波

画出 Flexray 总线脉冲。

描述 Flexray 总线脉冲。

1. 空闲时

2. 数据 1

3. 数据 0

二、Flexray 总线示波诊断中的问题

第五节　Flexray 总线故障诊断与检测活页式工单

一、Flexray 总线的故障诊断与检测

1. Flexray 总线故障成因

（1）电源故障。

（2）总线链路故障。

（3）总线节点（控制模块）故障。

2. Flexray 总线故障诊断思路

3. Flexray 总线故障诊断检测方法
（1）测量 Flexray 总线终端电阻。

（2）测量 Flexray 导线电阻。

（3）测量 Flexray 总线工作电压。

（4）测量 Flexray 总线波形。

4. Flexray 总线维修

三、Flexray 总线的维修

找一段车用双绞线总线，修理时参考图 4-13 所示的 Flexray 电缆修理标准。

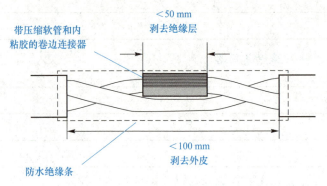

图 4-13　Flexray 电缆修理标准

写出实际中操作心得。

_____
_____
_____
_____
_____
_____
_____

第九节　大众汽车 Flexray 总线实训指导书

一、实训目的

学会使用大众的专用测量仪器 VAS6356 和诊断仪器 VAS6150B 进行总线波形的测量与分析。

二、实训工具

（1）VAS6356 测量仪器。
（2）VAS6150B 诊断仪器。
（3）诊断线束 1594D。
（4）带 Flexray 总线的奥迪轿车 1 辆。
（5）维修工具车 1 辆（含有常用工具）。

三、技术资料

（1）大众 TEIS 维修手册。
（2）实习、实训指导书。
（3）相关教学视频与软件资料。

四、实训内容

（1）VAS6356 测量仪器和 VAS6150B 诊断仪器按照面板上的端口标识连接即可或按照维修手册的指导连接。
（2）测量 Flexray 线电阻。
（3）测量 Flexray 总线波形图，并画出波形。

五、实训记录

（1）测量 Flexray 线电阻。

	对地电阻	对正极电阻	线内是否断路
Flexray 总线			

（2）绘制 Flexray 总线波形图。

六、实训时间

45 min。

七、实操评价

序号	评价项目	考核内容	配分	评价标准	得分
1	资料查询	工艺、资料的获取	10 分	正确地按照实操车型选取技术文件资料	
2	实操准备	常、专用工具的准备	5 分	正确地准备实操所需的常用与专用工具	
		各检测设备连接	20 分	根据各检测设备功能、按照诊断仪提示的连接方法正确地连接各检测设备	
3	实操实施	电压测量	20 分	识读电路图、正确地测量 Flexray 线电压	
		波形测量	30 分	会使用诊断工具读取 Flexray 线的电压	
4	5S 与安全	5S	10 分	能保持实操现场的整洁、工具与设备的整理	
		安全	5 分	车辆安全	
5	分数				

第五章　汽车以太通信活页式工单

第一节　汽车以太网的产生与发展活页式工单

一、汽车以太网的产生
_____
_____
_____
_____

二、在汽车上应用以太网的原因
1. 汽车电控系统发展
_____
_____
_____
_____

2. 传感器、ECU 和执行器的升级
_____
_____
_____
_____

3. 智能汽车电子技术的不断创新
_____
_____
_____
_____

4. 降低成本需求
（1）ECU 成本。
_____
_____
_____
_____

（2）线束成本。

（3）用电功率的要求。

（4）带宽的需求。

第二节　汽车以太网的特殊性活页式工单

一、车载网络不能使用传统的以太网的原因

二、以太网音视频桥接技术

简述 EAVB：

EAVB 与传统以太网进行比较有 4 个不同点：
（1）
___
___
___

（2）
___
___
___

（3）
___
___
___

（4）
___
___
___

三、时间敏感网络

___
___
___
___

第三节　车载以太网技术活页式工单

一、车载以太网的概念

___
___
___
___

二、车载以太网主要技术

（1）物理层 PHY。

（2）"一对数据线供电" PoDL。

（3）先进电缆诊断 ACD。

（4）高能效以太网。

（5）时间同步。

（6）时间触发以太网。

（7）音视频桥接 AVB。

第六节　大众汽车以太网（Ethernet）总线实训指导书

一、实训目的

学会使用大众的以太网总线测量工具和 VAS6150B 诊断仪器进行以太网总线的诊断。

二、实训工具

（1）以太网总线测量仪器。
（2）VAS6150B 诊断仪器。
（3）以太网总线水晶头及网线若干。
（4）带以太网总线的奥迪轿车 1 辆。
（5）维修工具车 1 辆（含有常用工具）。

三、技术资料

（1）奥迪维修手册。
（2）实习、实训指导书。
（3）相关教学视频与软件资料。

四、实训内容

（1）VAS6150B 诊断仪诊断以太网总线。
（2）测量以太网总线通断。
（3）制作以太网水晶头。

五、实训记录

（1）VAS6150B 诊断仪诊断以太网总线故障码。

（2）测量以太网总线通断。
_____
_____
_____

（3）制作以太网水晶头。
_____
_____
_____

六、实训时间

45 min。

七、实操评价

序号	评价项目	考核内容	配分	评价标准	得分
1	资料查询	工艺、资料的获取	10分	正确地按照实操车型选取技术文件资料	
2	实操准备	常、专用工具的准备	5分	正确地准备实操所需的常用与专用工具	
		各检测设备连接	20分	根据各检测设备功能、按照诊断仪提示的连接方法正确地连接各检测设备	
3	实操实施	诊断仪测量	20分	正确读取故障码	
		用网线测量设备	20分	能测量网线的通断	
		完成一个水晶头的制作	10分	水晶头制作合格	
4	5S与安全	5S	10分	能保持实操现场的整洁、工具与设备的整理	
		安全	5分	车辆安全	
5	分数				

第六章 MOST 总线技术活页式工单

第一节 MOST 总线应用活页式工单

一、MOST 的概念

_____
_____
_____

二、MOST 的应用

_____
_____
_____
_____

第二节 MOST 总线控制单元部件活页式工单

一、收发单元－光导发射器

_____
_____
_____

二、MOST-收发机

_____
_____
_____
_____

三、光导纤维

_____
_____
_____
_____

［完成任务］组织一次光导纤维实习，用光导纤维外皮环切工具和光导纤维切割工具切出图 6-13 所示的光导纤维断面，并用专用工具按图 6-14 所示安上端套，再插入插塞和插头壳体。

第三节　MOST 总线的功能流程活页式工单

一、系统启动（唤醒）

_____
_____
_____

二、音频与视频作为同步数据的传送

_____
_____
_____
_____

三、同步传送的数据管理

_____
_____
_____
_____

四、异步数据形式的传送

_____
_____
_____
_____

第四节　MOST 总线自诊断活页式工单

一、诊断过程

1. 诊断管理器功能
_____
_____
_____

2. 系统故障
_____
_____
_____

二、MOST 总线自诊断具体工作过程

写出网关诊断环形系统的诊断过程。
_____
_____
_____

第五节　奥迪汽车 MOST 总线实训指导书

一、实训目的

学会使用大众的专用测量仪器 VAS6150B 进行 MOST 总线诊断和光导纤维通路检查分析。

二、实训工具

（1）光导纤维测量仪器。
（2）VAS6150B 诊断仪器。
（3）带 MOST 总线的奥迪轿车 1 辆。
（4）维修工具车 1 辆（含有常用工具）。

三、技术资料

（1）奥迪维修手册。

(2)实习、实训指导书。
(3)相关教学视频与软件资料。

四、实训内容

(1)用 VAS6150B 诊断仪诊断 MOST 网络。
(2)测量光纤衰减。

五、实训记录

(1)VAS6150B 诊断仪故障码记录。
_____
_____

(2)光导纤维衰减测量检查记录。
_____
_____

六、实训时间

45 min。

七、实操评价

序号	评价项目	考核内容	配分	评价标准	得分
1	资料查询	工艺、资料的获取	10 分	正确地按照实操车型选取技术文件资料	
2	实操准备	常、专用工具的准备	5 分	正确地准备实操所需的常用与专用工具	
		各检测设备连接	20 分	根据各检测设备功能、按照诊断仪提示的连接方法正确地连接各检测设备	
3	实操实施	诊断仪故障码读取	20 分	正确读取故障码,并说出简单分析	
		光导纤维衰减测量	30 分	会使用光导纤维衰减测量工具	
4	5S 与安全	5S	10 分	能保持实操现场的整洁、工具与设备的整理	
		安全	5 分	车辆安全	
5	分数				